㈱スタイルシステム　代表取締
徳本友一郎 [著

改訂3版

超入門 不動産の教科書

新星出版社

土地や建物の、売り買い、貸し借りなどを
することを、**不動産取引**といいます

不動産取引の売主と買主、
または貸主と借主の間に入り、
取引を仲介（媒介）するビジネスが
宅地建物取引業（宅建業）です

※宅建業は仲介のほか、自らが土地や建物の売買などを行う
　こともあります

売りたい
（貸したい）

買いたい
（借りたい）

売主（貸主）

買主（借主）

宅地建物取引業者
（宅建業者）

つまり宅建業は、不動産取引のプロです！

Q

不動産取引には
どんな法律が関わる？

宅建業は**宅地建物取引業法**（宅建業法）で規制されています。宅建業を行うには免許が必要なほか、宅地建物取引士の資格取得者が必要です。また土地・建物の法律には**都市計画法**や**建築基準法**などがあります。

Q

不動産取引に
なぜ宅建業が必要なの？

不動産取引には土地・建物の権利関係や、法律上の規制、条件ほか、**調査や確認が必要なこと**がたくさんあります。正しい知識をもったプロが取り扱わないと、**ミスやトラブルが発生しかねない**のです。

Q

宅地建物取引士（宅建士）
はどんな資格なの？

宅建士は国家試験に合格し、取引士証の交付を受けた者です。売買契約などの前に**重要事項説明**を行う業務は、宅建士にしか許されません。

Q

宅建業者はどうやって
売上をあげている？

主な売上は、不動産取引の**仲介手数料**です。手数料の上限は売買金額によって決められています（P.20参照）。

次のページで、宅建業の実際の仕事の中身を見てみましょう

宅建業の仕事の流れは？

不動産売買の仲介のケースです
売主と買主に対して
こんな流れで対応します

売出価格を決める方法は
主に2つの方法があります
➡P.112を参照

売主への
対応

売却相談 → 物件調査 → 価格査定 → 媒介契約 →

現地、法務局、役所などで
物件の調査を行います
➡第2章〜4章を参照

内容の違いで
3つの種類があります
➡P.116を参照

買主への
対応

購入相談 → 資金計画 → 物件紹介 → 媒介契約 →

購入予算を計算します
住宅ローンや税金の知識も必要です
➡第6章〜7章を参照

取引完了後も
売主、買主が安心できるように
アフターフォローが大切です！

物件情報を**レインズ***や不動産情
報サイトに掲載したり、広告の配
布、現地販売会などを行います
➡第5章を参照

*不動産流通標準情報システム

買主に契約書に記名押印の上、
手付金を払ってもらいます
➡P.206を参照

販売活動 ➡ **契約交渉** ➡ **重要事項説明** ➡ **売買契約** ➡ **残代金の決済と引渡し**

買主に対して宅建士が
**物件と取引に関する重
要事項説明**を行います
➡P.200を参照

残代金を決済してもらい、
物件の登記手続きをします
➡P.214を参照

物件調査は何をする?

物件調査とは ▶ 主に重要事項説明[*]に関することの調査

* 不動産物件の内容や取引条件など、宅地建物取引業法（宅建業法）により、
不動産の売買契約を結ぶ前に、不動産会社が買主に
説明することが義務づけられている一定の情報

さあ、調査グッズをそろえて出発!

調査記録表　住宅地図
メジャー　デジカメやスマホ
軍手　スコップ

物件調査 **1** **売主**へのヒアリング　⇒詳しくは第2章へ

物件に関わる書類の確認	登記簿謄本、権利証、各種図面（公図、地積測量図、実測図・建物図面等）、境界確認書、固定資産税・都市計画税納税通知書　等
物件に関する詳細な聞き取り調査	過去に起きた事件や事故の有無、井戸や浄化槽などの埋設物の有無、修繕やリフォームの時期と内容　等

物件調査 2 現地での調査

➡詳しくは第2章へ

敷地と接道の関係	▶ 敷地の形状や幅、間口、接道の幅員 等
隣地との境界	▶ 隣地との境界標や境界塀、擁壁、木の枝など隣地からの越境物 等
上下水道管、ガス管	▶ 埋設管の引き込み位置の確認、水道メーターやガスメーターの確認 等
埋設物	▶ 井戸や浄化槽などの有無 等
物件周辺の状況	▶ 電柱、ゴミ置場、日照や風通し 等
住環境と周辺施設	▶ 過去に起きた事故や事件、近隣でのトラブル、騒音、臭気 等

物件調査 3 法務局での調査

➡詳しくは第3章へ

| 物件の公図番号、地番、家屋番号の調査 | ▶ 必要書類の交付を受ける際に必要となる |
| 必要書類の取得 | ▶ 物件の公図、土地・建物の登記簿謄本、前面道路の登記簿謄本、地積測量図、建物図面・各階平面図の写しなど |

物件調査は何をする？

物件調査
4 **市区町村役場**での調査

➡詳しくは第4章へ

**都市計画関係
の調査**
> 用途地域、建ぺい率、容積率、防火地域などの
指定、高度地区、絶対高さ制限、日影規制、敷
地面積の最低限度、都市計画道路　等

**前面道路の
扱いの調査**
> 物件が接するすべての道路について、
建築基準法第42条の何項、何号にあたるか、
公道か、私道か、
認定幅員は何メートルか　等

物件調査
5 **上下水道やガス**の調査

➡詳しくは第4章へ

ガスの調査
> 都市ガスはガス会社に敷設状況を確認、プロパ
ンガスは管理会社に使用に関する確認　等

上水道管の調査
> 水道局で敷設状況を確認（前面道路内の本管の
有無、管の口径　等）

下水道管の調査
> 役所の下水道課で敷設状況を確認（前面道路内
の配管状況、管の口径　等）

この本を手にしていただき、ありがとうございます。

あなたはきっと、これから不動産に関わる仕事をはじめる方、あるいは不動産に興味があって、その基本的な知識を身につけたいと考えている方なのでしょう。

不動産（ここでは土地、建物のこと）は、私たちにとって生活の場であり、財産として大きな価値をもつもの。私たちが生きていくうえで、切っても切れない大切なものです。

ところが、「不動産って何？」となると、よく知らない人が多いものです。おそらく、あなたもそうではありませんか。

例えば、不動産を売り買いするときに、調べておかなくてはならないことは、なんでしょうか。

不動産という高い買い物をするにあたって、購入者が知っておくべきお金の知識には、どんなものがあるのでしょうか。

住宅ローンの仕組みや、利用の仕方はどうなっているのでしょうか。

不動産を登記するとは、どういう意味でしょうか……。

こうした初歩的な知識をはじめ、不動産取引の実務の中身とポイントを、豊富な図版とイラストをまじえて、どなたにもわ

かりやすく解説することをめざして書いたのが、この本です。

　ここで、執筆者である私自身のことを少しご紹介しておきましょう。

　私が不動産業界に入ったのは、いまから 30 年前のことです。

　「日本は島国だから、不動産のことさえ知っておけば、この先、必ず役に立つぞ」

　ある人からそうすすめられて、大学在学中に宅建の資格をとった私は、卒業後、中堅の不動産仲介会社に入社しました。といっても、そのときはどうしてもこの仕事に就きたいと思ったわけではありません。逆に、不動産業というと、高額な取引をする仕事であるにも関わらずちょっとダーティなイメージをもたれる業界で、印象はよくなかったし、宅建の資格はとっていたものの、実際の仕事の中身はほとんど知りませんでした。

　当時、世の中はバブルを少し下った頃。入社先は急成長中の、まさに「ザ・不動産屋」という感じの会社でした。営業担当者は、手数料が多く入り、会社に利益をもたらす「集中販売物件」と呼ばれるものを優先して売るようにいわれ、厳しい営業ノルマが課されました。それを達成するために、深夜まで

仕事漬けの毎日。1日の睡眠時間は2～3時間。それでもがんばってつづけられたのは、「いつかは独立したい」という思いがあったからでした。

不動産業界、とくに中堅中小の会社では、新人が教育・研修を受ける機会はそれほど多くありません。仕事は「先輩上司の背中を見て、盗むもの」、それが当たり前。1件でも多くの契約をとることが求められる世界ですから、上司も先輩も同僚も、みんなライバル。だれもが自分のことで精一杯で、他人をかまってはいられません。

ですから、入社から数年経っても、仕事のやり方は我流で、意外に基本的なことを知らずにいる人も少なくありません。ましてや新人は、誰に教えてもらえるわけでもなく、自分で必死に学んでいくしかありません。

そうした方々にとって、この本は本当に役立つものであることをお約束します。

なぜなら、私は会社経営者となったいまでも、皆さんと同じく現場の第一線に出て、毎日仕事をしているからです。自分自身が業界人1年生だった頃を思い出しながら、これまでに培った知識と経験に基づいて、超初心者向けにていねいに解説しています。

不動産とは、じつに奥が深いもので、それを仕事にするためには不断の努力の積み重ねが欠かせません。その一方で、真剣に向き合えば、これほど楽しく、面白い仕事はありません。

　さあ、一緒に不動産の基本を学んでいきましょう！

　　　株式会社スタイルシステム　代表取締役　徳本友一郎

本書に登場する人々

先生
業界歴約30年の不動産スペシャリスト。経験ゼロの新人に、知識とノウハウ、ヤル気を与える、頼れる存在！

不動産会社の新人社員
女性は新卒で入社、男性は他業種からの転職組で、ともに不動産知識ゼロの超初心者

売主さん

買主さん

第1章　不動産取引って何？

第4章 役所での物件調査

第7章 長期的なマネープランの提案

第 8 章 契約業務の流れ

COLUMN

本書では特に明記がない限り、2023年1月1日時点の情報をもとに解説・紹介しています。最新の情報は関係各所へお問い合わせください。

DTP・図版：田中由美
イラスト：横井智美
編集協力：圓岡志麻／有限会社クラップス

不動産取引って何？

不動産取引のプロ！
それがあなたの仕事です！

🏠 売りたい人、買いたい人の橋渡し役

　土地や建物を売り買いしたり、貸し借りするには、いろいろな法律でルールが細かく決められています。

　中には面倒な手続きもあり、専門的な知識や経験がなければ、なかなかスムーズにいきません。

　そこで登場するのが、あなたをはじめとする**不動産取引のプロ**です。

不動産取引を
仲介するビジネスを
<ruby>宅地建物取引業<rt>たくちたてものとりひきぎょう</rt></ruby>
（<ruby>宅建業<rt>たっけんぎょう</rt></ruby>）といいます

売りたい
貸したい

買いたい
借りたい

<ruby>宅地建物取引業者<rt>たくちたてものとりひきぎょうしゃ</rt></ruby>
（<ruby>宅建業者<rt>たっけんぎょうしゃ</rt></ruby>）

この宅建業は
宅地建物取引業法
（宅建業法）
で規制されています

宅建業法の定めにより、宅建業を行うには、都道府県知事または国土交通大臣の免許を受ける必要があります。

- 1つの都道府県だけに事務所を設置する場合

  → 都道府県知事の免許

- 複数の都道府県に事務所を設置する場合

  → 国土交通大臣の免許

宅建業は資格取得者が必要

さらに、宅建業を行うには、**宅地建物取引士**（宅建士）の資格取得者が必要です。

宅建士とは、宅地建物取引士試験に合格し、都道府県知事の資格登録を受け、さらに宅地建物取引士証の交付を受けた者をいいます。

宅建業を営む会社（宅建業者）は、事務所などに**専任の宅建士を置くことが義務づけ**られています。

　専任の宅建士は、**事務所では従業員の5人に1人以上**、モデルルームのような案内所など事務所以外の場所では1人（事前に役所へ届出が必要）、設置されていなくてはなりません。

宅建士だけに認められる業務がある

　宅建業には、宅建士だけにしかできない、次の3つの業務があります。

売買などの契約の前に
じゅうようじこうせつめい
重要事項説明を行う

重要事項説明書※
に記名する
※35条書面という

売買などの契約書※
に記名する
※37条書面という

16

宅建業者（仲介）の大まかな仕事の流れは？

🏠 あなたのお客様は、売主と買主

　あなたには、2種類のお客様がいます。1人は、不動産を売りたい**売主**。もう1人は、不動産を買いたい**買主**です。

　不動産取引では、それぞれのお客様に対して、次のような流れで対応していきます。

🏠 売主への対応

　売主のお客様から物件の**売却相談**を受けたら、まず物件の大まかな内容や、売主が希望する売却条件などをうかがいます。

　次に、**物件調査**を行います。調査は、売主へのヒアリング（聞き取り調査）をはじめ、物件が所在する現地、法務局、市区町村役場などで行います。

　そして、いくらで物件を売り出すか、**価格査定**を行い、売主がその価格を承諾したら、売買を仲介する契約（**媒介契約**）を結びます。

　販売活動としては、不動産情報サイトや、レインズ（不動産流通標準情報システム）への情報登録、販売図面や広告チラシの作成・配布、現地販売会などがあります。

🏠 買主への対応

　買主のお客様から物件の**購入相談**を受けたら、まず予算、エ

リア、間取り、広さなどの希望条件をうかがいます。

つづいて、**資金計画**を立てます。

買主が思い描いている将来のライフプランなども参考にしながら、適正な購入予算を計算し、住宅ローンの組み方なども説明します。

具体的な**物件紹介**をはじめる前に、本来は買主との間で**媒介契約**を結びます。ただし実際には、物件を紹介して、買主が購入を決めてから、媒介契約を結ぶことも多いようです。

物件紹介では、買主の希望にそった物件を探し出して、情報を提供するとともに、現地まで同行して案内します。

🏠 取引成立に向けた対応

買主が購入の意思を固めたら、その物件の売主との間で**契約交渉**を進めます。

買主、売主双方の希望を調整し、話がまとまったら、正式な売買契約を結ぶ前に、買主に対して宅建士が、物件と取引に関する**重要事項説明**を行います。

無事、**売買契約**を結んだら、その後、**物件の残代金の決済と引渡し**を行います。

取引が完了したらあなたの仕事は終わり、ではありません。売主、買主が安心できるように、アフターフォローもしっかり行いましょう。

宅建業者（仲介）の仕事の流れ

売主への対応

 売却相談
↓
 物件調査
↓
価格査定
↓
<small>ばいかいけいやく</small>
媒介契約
↓
 販売活動 →

買主への対応

 購入相談
↓
 資金計画
↓
 物件紹介
↓
<small>ばいかいけいやく</small>
媒介契約

 契約交渉 ←
↓
 重要事項説明
↓
 売買契約
↓
 残代金の
決済と引渡し

**取引成立に
向けた対応**

宅建業者はどうやって
売上げを得ているのか？

🏠 取引が不成立なら売上げはゼロ！

あなたの会社は、どうやって売上げを得ているのか知っていますか。

宅建業者の売上げとは、いったい何でしょうか。

——答えは、**仲介手数料**です。

仲介手数料は、いわば成功報酬です。売買取引が成立すればもらえますが、成立しなければ、どれだけ手間ひまをかけても、売上げはゼロになってしまいます。

この仲介手数料は、受け取れる上限が、下の表のように国の法律で決められています。

仲介手数料の上限

～200万円以下
売買金額の **5%** ＋消費税

- -

200万円超～400万円以下
売買金額の **4%＋2万円** ＋消費税

- -

400万円超～
売買金額の **3%＋6万円** ＋消費税

「両手」と「片手」では倍の差がつく!

では、ここで問題です。

もしも3,000万円の物件の売買取引が成立したら、あなたの会社にはいくらの仲介手数料が入ってくるでしょうか。

「3,000万円の3%分に、プラス6万円だから、96万円⁉」

そう思いますよね。じつはこれ、あなたの会社と、売主、買主の関係によって、大きく変わってしまうんです。

例えば、ある売主が、あなたの会社に物件の売却を依頼したとします。もしも、あなたの会社が自社で買主を見つけてきて、売買契約を成立させたら、その**仲介手数料は売主からも、買主からももらえる**のです。各96万円ですから、合計192万円の売上げですね。業界ではこれを「**両手**」といいます。

また、別の不動産会社B社が買主を見つけてきた場合は、あなたの会社が受け取れる仲介手数料は売主からの分だけです。買主からもらえる手数料は、B社へ入ります。

業界ではこれを、「**片手**」と呼んでいます。両手と片手では、売上げに大きな差がつきますが、会社や自分の利益を優先して、お客様に不利益をもたらしてまで両手をねらうようなことをしてはいけません。

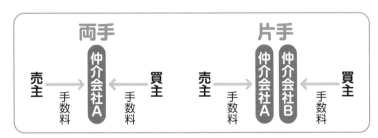

不動産取引は
多くの法律が関わる

🏠 法律で制限されていることがある

　不動産取引の仕事は、宅建業法で規制されているといいましたが、土地・建物に関わる法律はそのほかにもたくさんあります。

　その中で、あなたが仕事をするうえでとくに注意しなくてはならないのが、**都市計画法**と**建築基準法**です。

都市計画法	良好な都市環境の整備と保全を目的とする法律。建築物の建ぺい率や容積率（ともにP.91参照）など、計画的な街づくりをするための方法と、それを行う場所を定めている
建築基準法	建築物の地震、台風、火災などに対する安全性を確保するための法律。建築物の敷地、構造、設備および用途に関する基準を定めている

　都市計画法で定められた都市計画区域内は、用途別にいくつかの地域（用途地域。P.91参照）に分けられます。その用途地域ごとに、建てられる建築物の種類や、建築物の建ぺい率、容積率（ともにP.91参照）、高さ、日影（ひかげ／にちえい）

建築基準法が定めていること

地震や台風に対する
安全性の基準

火災時の
安全性の基準

都市計画区域内で…

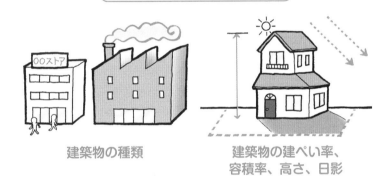

建築物の種類

建築物の建ぺい率、
容積率、高さ、日影

などが、建築基準法によって制限されています。

　あなたが取り扱う不動産物件が、こうした法律による制限を
どのように受けるかは、売買取引をするうえでとても大事なポ
イントになります。

🏠 売主の責任を定める法律に注意！

さらに、比較的新しい法律で注目したいのは、**住宅瑕疵担保履行法**です。

これはもともと、**品確法**（住宅の品質確保の促進等に関する法律）というのがあり、新築住宅に瑕疵（つまり欠陥）があった場合、売主である施工会社などは10年間に渡って修理や賠償の責任を負わなくてはなりません。

これを
瑕疵担保責任といいます

ところが、もしも当の売主が倒産してしまったら、この法律は意味がなくなってしまいます。

現実にそうしたケースが少なくなかったため、万一倒産しても瑕疵担保責任を果たせるように、売主に保険の加入などを義務づけたのが、この新しい法律です。

瑕疵担保責任は、あとで出てくる**重要事項説明**（P.200参照）にも関わってきます。

不動産をめぐるさまざまな法律

宅建業法や都市計画法、建築基準法のほかにも、不動産をめぐる法律にはさまざまなものがあります。

●土地区画整理法

未整備な市街地において、土地の区画や形状を整理し、良好な宅地を供給するとともに、道路や公園、下水道などの都市基盤の整備をはかる事業を「土地区画整理事業」といい、この事業の施行に関する取り決めがされている法律。

●国土利用計画法

土地の投機的な取引や乱開発を防止し、国土の計画的な利用を目的とした法律で、一定規模以上の土地の売買について届出義務を課している。

●不動産登記法

不動産登記の対象となる権利や、登記の内容、手続きの仕方などを定めた法律。

●区分所有法（建物の区分所有等に関する法律）

区分所有建物（分譲マンションなど）における権利関係や、管理に関することを定めた法律。マンション管理組合の規約や運営、建物の修繕、建替えなどについても規定がある。

●宅地造成規制法

崖地などの造成を行う際のルールを定めた法律。

土地の
正しい数え方は?

🏠 登記上の独特な数え方がある

ところで、あなたは土地を数えるときの「単位」を知っていますか。

「1つ、2つ……」「1面、2面……」

それも間違いではありませんが、よく使われるのは「1区画、2区画……」ですね。

ただし、いずれも正式なものではありません。

土地の正式な数え方は、
1筆、2筆…です

**単位は「筆」ですね。「いっぴつ、にひつ」または「ひとふ
で、ふたふで」と読みます。

これは**登記**といって、不動産を登録する公的な制度により区分された土地の数え方です。

土地を区切る「境界」も、登記上では「**筆界**」という別のいい方をします。

つまり、筆界で囲まれた1区画の土地が、1筆です。

そして登記上では、1筆ごとに番号がつけられています。

登記上の土地の番号を
地番といいます

この**地番**は、私たちがふだん「住所」と呼んでいる、住居表示番号とは異なるものなので、注意しましょう（P.66 参照）。

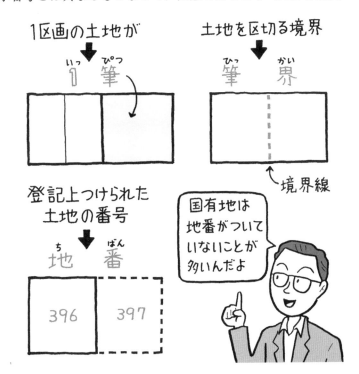

1区画の土地が
↓
1 筆

土地を区切る境界
↓
筆 界

← 境界線

登記上つけられた
土地の番号
↓
地 番

396　　397

国有地は
地番がついて
いないことが
多いんだよ

不動産の権利は 登記で明らかにする

🏠 登記所で登記簿に登録する

土地や建物が、誰のものであるかを明らかにするには、**登記**という制度を利用します。

登記については、前のページでもふれましたね。これはさまざまな**権利関係を明らかにするための公的な登録制度**です。不動産のほかにも、会社や商売に関すること、船舶に関することなども登記できます。

不動産の登記では、土地・建物の所在地、範囲、面積、構造などと、所有者に関する情報を、**登記簿という公的な帳簿に登録**して、誰でもわかるようにします。所有権だけでなく、住宅ローンを利用したときにつけられる抵当権なども登記できます。

登記の手続きは
登記所で行います

登記所とは、不動産登記法で登記の事務手続きを行うことが定められている、**法務局**（支局や出張所を含む）のことです。

登記簿は、法務局に備え付けられており、申請すれば誰でも閲覧できるようになっています。

🏠 登記簿の写しは法務局で入手する

　この登記簿の写し（コピー）を、**登記簿謄本**といいます。

　登記簿謄本は、あなたがこれから仕事をしていくうえで、つねに携わることになる重要な書類の１つです。

　いまは**登記事項証明書**という名称で呼ばれることが多いのですが、ほぼ同じ意味だと理解してください。

　登記簿謄本は、法務局へ行って直接、申請するほか、「登記・供託オンライン申請システム」を使っても交付してもらえます。

07

あなたの仕事で
大切な5つの心構え

🏠 お客様第一で、本当のプロをめざそう！

　ここまで、あなたがこれから不動産取引の仕事をするにあたり、はじめに知っておいてほしいことを話してきました。

　実際に行う業務の具体的な中身は、次の章から詳しく見ていくとして、その前に、**あなたが仕事をしていくうえで大切な心構え**を、いくつか話しておきましょう。

心構え

**物件を売る前に
自分を売ろう！**

　不動産の購入にやって来たお客様を前にすると、なんとか契約をとろうとして、物件の売込みに必死になりがちです。

　でも、その前に大事なことがあります。それは、**あなた自身をお客様に売り込む**ことです。

　初対面のお客様には、まず好感をもってもらい、受け入れてもらえなければ、あなたの言葉や気持ちは伝わりません。

　それにはまず、**自然体での接客を心がける**ことです。

　お客様のことを変にもち上げたり、おおげさにふるまうなど、不自然な態度はかえって心証を悪くしてしまいます。

30

　とくに第一印象は大切ですから、**身だしなみには注意**が必要です。だらしなく、不潔な格好はダメ。つねに清潔を心がけましょう。接客業ですから口臭や体臭にも気を配り、お客様に不快を感じさせてはいけません。

　目の動きや表情、所作の1つひとつが、親しみやすく落ち着いていて、お客様に安心感を与えること。

　そして、**言葉づかいはていねいに**。ただし、必要以上にへりくだったいい方や、過度なお世辞は禁物です。

心構え

お客様に興味をもち
よく話を聞いて
質問しよう！

　物件の売込みばかりに夢中になって、お客様の話はろくに聞かず、**自分が一方的に話をしている**担当者がよくいます。しかも、「人気物件なので急いで決めてください」「買うならいまですよ」などと、まるで説得するようないい方です。

　お客様をあせらせたり、あおったり、勢いで買わせようとするのは、ひと昔もふた昔も前のセールスのやり方です。

　お客様の話にじっくりと耳を傾けて、お客様が置かれている状況や事情、考え、要望を深くくみとることで、悩みごとや疑問を解決してさしあげ、物件購入の方向性をアドバイスしながら、セールスを進めていきましょう。

　初対面のお客様から話を聞くときは、お客様の話が8割で、あなたの話は2割。これくらいがちょうどいいのです。そして、あなたの話の中心は、お客様への質問にあてます。

　お客様に興味をもち、質問をして、よく話を聞けば、お客様はあなたに心を開いてくれます。不動産という高額な買い物で失敗したくないお客様は、あなたに、**信頼できる相談相手になってほしい**と思っているのです。

心構え

つねに**お客様の目線、立場**で。
不安や疑問は、先回りして伝える！

聞かれたことに、ただ答えるだけでは当たり前すぎます。

とくにお客様との関係を築いた2回め以降の接客では、質問される前にお客様の潜在的な不安や、本当に聞きたいと思っていることを、**お客様の目線や立場から探りあてて、先回りして伝える**ようにしましょう。

また、メールでの問い合わせには、ていねいでスピーディなレスポンスが欠かせません。さらに、成約して物件を引き渡したあとも、お客様からの問い合わせには真摯に対応して、ていねいなフォローを心がけましょう。

あなたの仕事は、お客様あってのもの。ホスピタリティ（おもてなしの精神）が大切です。

心構え
プロ意識をもち
知識や**スキル**を
積極的に身につけよう！

「根性、気合い、熱心さ」だけでセールスするのは、もう昔の話。あなたには、プロがもつべき**知識とスキルの習得**が必要です。新人のあなたも、お客様からは不動産のプロとみなされます。その期待に応えられるように、1日も早く成長しましょう。それには、つねに向上心をもちつづけることが大切です。

宅地建物取引士の資格取得は当たり前のこと！　ファイナンシャルプランナーや不動産コンサルティングマスターといった

関連資格をはじめ、相続・贈与、建築など、幅広い知識を身につけましょう。

　そのうえで大切なのは、身につけた知識やスキルを、お客様にわかりやすく伝えることです。

　お客様が理解できない専門用語、業界用語を多用してはいけません。お客様の役に立たなければ、せっかくのあなたの努力も無用なものになってしまいます。

心構え
自分や会社の利益よりも、
お客様の喜び、
幸せが優先！

　セールスの現場では、とかく自分や会社の利益を優先しがちです。お客様の要望を無視して、利益率の高い物件をすすめたり、手数料をかせぐために情報の囲込（かこいこ）みや操作をしてはいけません。お客様の立場に立って、自分がされたくないことをお客様にしてはなりません。大切なのは、**お客様に喜んでもらい、幸せになってもらうこと**です。

　満足を超えた感動や感謝をお客様が経験すると、それが口（くち）コミとなり、紹介という形になって、**あとから自分や会社に返ってきます**。そのときのうれしさは、言葉ではいい表せないものです。

　あなたにもぜひ、そんな仕事ができる、本当のプロフェッショナルをめざしてほしいと思います。

心構えを
まとめると
こうなります！

まず自分自身
を売り込む！

お客様の話に
よく耳を傾ける！

お客様の目線、
立場で考える！

プロ意識をもち、
成長しつづける！

お客様の喜び、
幸せが最優先！

宅地建物取引士（宅建士）の資格を取ろう！

　不動産の販売、仲介業務には、宅建士の資格が欠かせません。重要事項説明など、宅建士だけに認められる業務があるからです（P.16 参照）。あなたもぜひ、資格取得にチャレンジしましょう！

　宅建士は国家資格で、試験は年に１度だけ。受験者数の大変多い試験として知られており、毎年の受験者数は 20 万人前後。受験資格に年齢制限がないので、学生時代に資格取得する人もいます。

　資格試験に合格すると、すでに宅建業で２年以上の実務経験があるか、実務講習を受けた人は、都道府県知事の登録を行い、宅建士証が交付されます。

さあ、次の章から
宅建業の仕事の中身を
詳しく見ていきましょう！

第 2 章

現地での物件調査

物件調査は
買主の立場、目線で行う

🏠 物件調査は何を調べる?

　あなたが、これから任せられる仕事を1つずつ見ていきましょう。まずは、**物件調査**です。

　「この物件を、調べてきてよ」

　と、上司や先輩から資料を手渡された、あなた。

　いきなり「調べてこい」だなんて、ビックリしますよね。

　でも、大丈夫。基本的な調べ方とコツさえつかめば、誰でも、すぐにできることなので安心してください。

　売買する土地や建物を扱うには、はじめにそれが「どんなものなのか」を正確に知らなくてはなりません。そのために行うのが物件調査です。いったい何を「調査する」のでしょうか?

主に、**重要事項説明**（じゅうようじこうせつめい）に
関することを調査します

　宅建業法により、不動産会社は売買契約を結ぶ前に、買主に対して「一定の情報」を説明することが義務づけられています。これを**重要事項説明**といいます（P.200参照）。

　重要事項とは、例えば、物件の権利関係や法令上の制限、電

気・ガス・上下水道の整備状況など、**不動産取引で最も重要な事柄**のことです。不動産は高い買い物なので、買主が購入したあとで、不利益をこうむるおそれがあるこれらの重要な情報は、事前に説明する決まりになっているのです。

🏠 不十分な調査はトラブルを招く！

　ですから、物件調査は主に重要事項説明書を作成する前提で行います。そうすれば、少なくとも不動産会社に課された義務は果たせるわけです。

　物件調査をおろそかにすると、あとで痛い目にあうこともあります。例えば「あと一歩で契約」という寸前になって、**調査では出てこなかった新しい事実がわかる**ことがあります。もしもそれが、買主にとって不利なことだったら、「話が違うよ」

となって、その後の交渉は難航するでしょう。

　そればかりでなく、売買契約後に、買主にとって不利益な事実がわかったときは、「説明の義務を果たさなかった」という理由で、売買を仲介した不動産会社は訴えられ、**損害賠償を請求される**こともあります。

🏠 買主の立場に立って調査しよう

　じつは物件調査は、きちんと調べれば調べるほど、ネガティブな情報が明らかになってくるものです。買主がそのことを知ったら、取引はスムーズにいかなくなるかもしれません。

　けれども、あとになって不動産会社の責任を問われることがないようにするためにも、**重要事項説明の項目に当てはまらないことも**、できるだけしっかりと調査することが大切です。そもそも、**買主の立場に立って考える**のが、不動産会社のあるべき姿ではないでしょうか。

　契約に至るまでと、契約から引渡しまでの間でトラブルを起こさないこと。そして購入後も、買主が納得して幸せに暮らせるために、必要な情報を調べて、伝えること。それが物件調査の本来の目的と心得ましょう。

🏠 お客様があなたを信頼してくれる！

　物件調査をきちんと行えば、自分たち不動産会社にとっても大きなメリットがあります。

　まず、はじめにとことん調べておけば、途中でトラブルが起こることが少なく、成約までスムーズに進められます。

また、買主からは「よくここまで調べてくれた」と感謝され、信頼を得られます。そうしたお客様は、将来的に不動産の買替えを行うときなどでも依頼してくれたり、ほかのお客様を紹介してくれるなど、**生涯にわたっておつきあいする**ケースも少なくありません。

　では、買主のお客様から信頼を得られる物件調査とは、どのようなものでしょうか？　詳しくは次のページから見ていくとして、1つ実例を紹介しましょう。

🏠 前面道路の標識をよく見ると…

　それは、幹線道路にすぐに出られる、幅4mの道路に面した物件でした。ところが、物件を離れて周辺の道路まで詳しく調査してみると……。

　道路標識の1つをよく見ると、午前中は一方通行となるため、その物件から幹線道路の方向へは車を出せないことがわかったのです。

　じつはその物件には、ほぼ購入を決めていたお客様がいました。ほかの条件はすべて満足していたにも関わらず、通勤で車を使う朝の時間帯の交通の便が悪いという、たった1つの欠点を知ったために、結局、購入をやめてしまったのです。

　ところがそのお客様は、「ていねいに調べてくれたおかげで、不本意な購入をしなくてすんだ。**あなたなら信頼できる**」と、大変感激されて、ほかにおすすめした物件を購入することになったのです。

02

調査方法を工夫して 時間効率を高める

🏠 複数の場所で多くの情報を集める

はじめに、物件調査ではどんなことをするのか、その内容と手順を大まかにつかんでおきましょう。

物件調査の内容と手順

売主へのヒアリング

- ▶ 売主から物件に関わる書類を確認
- ▶ 物件に関する詳細な聞き取り調査をする

現地での調査

- ▶ 上下水道やガスの引込みの現状、物件と接する道路の状況、隣地との境界などを調査する
- ▶ 周辺の住環境の調査、住民へのヒアリングをする

法務局での調査

- ▶ 主に物件の権利関係を調査する

市区町村役場での調査

- ▶ 主に土地・建物に対する法律上の制限を調査する

上下水道やガスの調査

- ▶ 道路に埋まっている埋設管(まいせつかん)の状況を調査する

調査の順番は、通常、左図に示した流れが最もスムーズにいきますが、例えば市区町村役場では昼休みの間、窓口を閉めてしまうところもあります。

　そうしたことも念頭において、できるだけ短時間で、効率よく進められるように工夫しましょう。

🏠 入手した情報をうのみにしてはダメ！

　このように、物件調査はいろいろなところへ足を運んで調べます。

　このときに大切なのは、それぞれの調査で得た情報が、ほかで得た情報と食い違っていないかを確認することです。

　とくに、**売主へのヒアリングで出てこなかった事実が現地調査で明らかになる**ことは非常に多いものです。売主が忘れていたり、親から相続した物件では、そもそも売主さえ知らないこともあります。

　また、調査の効率を高めるには、**インターネットの活用がおすすめです**（P.105 参照）。土地の路線価（相続税や固定資産税を計算する基準となる価格）や公示価格（毎年1月1日時点での標準地の正常な価格）は簡単に検索できますし、本来は法務局へ行って手に入れる公図や登記簿謄本なども、オンラインで取り寄せられます。

　ただ、実際に足を運んで担当者に聞いて、はじめてわかることもあります。自分は外へ出て情報を集め、インターネットでの調査は会社の内勤者に手伝ってもらうのもいいでしょう。

03

出かける前に忘れずに！ 地図確認と調査グッズの準備

🏠 地図で物件や調査先の場所を確認する

「では早速、まずは売主さんのところへ……」

いえいえ、あわてないで。物件調査に出かける前に、しっかりと準備を整えましょう。

まず、調査する物件の**所在地を確認**します

所在地の確認には、**住宅地図**（ブルーマップ、P.67 参照）といって、地番や建物の名称、住んでいる人の名前などが記載されている地図を使います。

地図を見るときは目的の物件だけでなく、隣地は住宅か会社かなど、周辺の状況もよく確認しましょう。住宅地図は、役場などの調査先で物件所在地の提示を求められることもあるのでコピーを持参します。

また、物件を所轄する法務局や市区町村役場、水道局など、これから足を運ぶ場所も、あらかじめ地図で確認しておけば移動がスムーズです。短時間で回れる、効率のいい訪問順を考えておきましょう。

🏠 調査でもっていくものは？

　調査では、筆記具のほかにも以下のようなグッズを使います。忘れずに準備しましょう。

　物件の現地調査は、調査記録表（P.54参照）にメモをとるだけでなく、必ず**デジタルカメラ**で撮影して記録を残します。

　メジャー（巻き尺）は、物件の敷地や前面道路の幅を測定するのに使います。また、隣地との境界標（境界を示す標識）が地中に埋まっていることがあるので、**スコップ**や**軍手**を用意しておくと便利です。

調査グッズをそろえよう！

調査記録表　　住宅地図

メジャー

デジカメやスマホ

軍手

スコップ

※ほかに騒音測定器や電磁波測定器などもあれば準備する

売主へのヒアリング①
委細もらさず聞き出す

🏠 ヒアリングの成果が調査の精度に直結する

　物件調査では、はじめに行う**売主へのヒアリング**を、どれだけしっかり行えるかがカギとなります。売主から物件の情報をできるだけ詳しく聞き出せば、そのあとの現地調査や法務局、役所での調査で、調べるポイントが明らかになります。

　不動産会社が物件調査を行うケースは2通りあります。

　1つは、売主から直接、売却依頼を受けた場合で、このときは売主自身に直接ヒアリングできます。

　もう1つは、別の不動産会社が売却を取り扱っている物件を、買主が自社を通して購入を希望された場合です。このときは売主とは直接連絡がとれないので、売主側の不動産会社の担当者にヒアリングを行います。

売主だけが知っている
物件についての
情報もあります！

　とくに、過去に起きた事件や事故、修繕の時期と内容、井戸、浄化槽など地中の埋設物の有無などは、早い段階で売主から聞き出せないと、あとでトラブルになることがあります。

売主に聞いておくこと

- [ ] これまでに人がケガをしたり、死亡するなどの**事件**、**事故**が起きていないか

- [ ] **火災**や**浸水**などの災害をこうむったことはないか

- [ ] 敷地内の地中に**井戸**、**浄化槽**などの埋設物はないか

- [ ] 隣地との**境界**は明確になっているか（境界の塀の所有者なども）

- [ ] **近隣**との**トラブル**はないか

- [ ] 売主の**家族内**で、相続問題などの**トラブル**はないか

- [ ] 土地にどんな**歴史**があるか（家を建てる前の状況など）

- [ ] **騒音**や**悪臭**、**振動**など、住環境で気になることはないか

- [ ] **修繕**や**リフォーム**は、いつ、どんなことをしたか

- [ ] 売主の**借入状況**はどうか（各種ローンの状況や借金の有無など）

- [ ] **墓地**、**火葬場**、**工場**など、周囲に気になる施設はないか

　ただ、親から引き継いだ家や、築年数が相当に古い家では、売主でさえ知らなかったり、忘れていることもあります。

　古い物件ほど注意が必要ですが、もしも売主へのヒアリングができなくても、このあとの現地調査や法務局での調査をしっかり行えば、わかることも多いので安心してください。

売主へのヒアリング②

物件資料を確認する

🏠 図面ほか重要文書をすべて出してもらう

売主に会うときは、事前に用意してもらい、確認が必要な書類がたくさんあります。

登記簿謄本

登記とは、法律に従い重要な事柄を法務局の帳簿、台帳（登記簿という）に記載することです。

不動産の登記は、土地と建物の2つに分けられ、登記簿には物件の状況や権利関係が記載されています。

「謄本」とは、その写し（コピー）のことで、法務局で交付してくれます。最近は、**登記事項証明書**（全部事項証明書と現在事項証明書の総称）と呼んでいます。

権利証

以前は、不動産の登記が完了すると、法務局から**登記済権利証**（通称、権利証ともいう）が交付されました。

いまはそれに代わり、**登記識別情報**が発行されています。

物件の各種資料

物件に関わる図面には、

- **公図**（P.72 参照）

- **地積測量図**（P.72 参照）
- **実測図**（土地家屋測量士が実際に測量して作成した図）

などがあります。

また、中古住宅に関わる書類には、

- **建物図面・各階平面図**（P.73 参照）
- **建築確認済証**（指定検査機関が、申請された建築予定の建物の図面などが建築基準法に合致しているか確認し、建築許可を下ろす証書）

などがあります。

また、物件の詳細な状況を記した**物件状況等報告書**や、中古住宅の場合には**付帯設備表**も、売主に確認して早めに用意してもらいましょう。

境界確認書

隣接地との境界線について、双方の土地所有者が立ち会って、確認、合意したことを証する書類です。双方の土地の地番を記載し、所有者双方が記名押印します。たいていは、別紙として土地の境界図面が一緒になっています。

境界確認書は、売主が**土地家屋調査士**という専門家に頼んで、測量、作成してもらいます。

境界立会書、筆界確認書などともいいます。境界と筆界は、ほぼ同じ意味と考えてください。

物件状況等報告書、付帯設備表の主な記載事項

**物件状況
等報告書**

【建物の状況】

雨漏り、シロアリ被害、傾きや腐食などの瑕疵（かし）、給排水・ガス施設の故障

【土地の状況】

境界確定の状況、地盤の沈下や軟弱、土壌汚染

【その他】

騒音・臭気・振動、電波障害、事件・事故・火災

**付帯
設備表**

●流し台やガス湯沸かし器などのキッチン設備

●給湯器やシャワーなどの浴室・洗面設備、トイレ設備

●冷暖房機、床暖房の設備

●屋内外の照明設備

●雨戸や網戸（あみど）など玄関・窓の設備

※中古住宅の場合

🏠 インスペクション（建物状況調査）の実施の確認

　売却物件が中古（既存）住宅の場合は、売主の意向に応じて、インスペクション（建物状況調査）業者を斡旋します。インスペクションとは、建物の基礎や外壁等に生じている、ひび割れ、雨漏り等の劣化事象・不具合事象の状況を、目視、計測等により調査することです。インスペクションの説明は、消費者が安心して既存住宅の取引が行えるように、市場環境の整備をはかることを目的として、宅建業者に義務づけられています。

重要事項説明書、売買契約書

売主が不動産を購入したときに入手した、重要事項説明書、売買契約書です。

固定資産税・都市計画税納税通知書

固定資産税・都市計画税の課税を知らせるために、毎年、役所から売主へ送られてくる書類です。

委任状

市区町村役場で、売主が所有している不動産の一覧表である名寄帳などの書類の抄本などを申請・交付してもらうには、物件の所有者である**売主の委任状**が必ず必要になります。こうした書類は、基本的に本人しか閲覧や写しの交付はできないからです。委任状の書類は、不動産会社ごとに自社製の用紙があるはずです。持参して売主に記入押印してもらってから、次の調査先に向かいましょう。

🏠 ヒアリング先が同業者のときは…

さて、別の不動産会社が売却を取り扱っている物件では、ヒアリングの相手は売主自身ではなく、不動産会社の担当者になります。登記簿謄本や、公図などの図面は必ず用意されているものですが、不動産会社によっては、境界確認書や物件状況等報告書などはもっていないこともあるでしょう。これらの書類がそろっていないと、買主側があとで不利益をこうむることがあります。向こうの担当者とよく話し合って、できるだけ書類をそろえてもらいましょう。

現地の状況を
確認して記録する

🏠 メモ用具とデジカメを忘れずに！

　次は、物件の**現地調査**です。文字通り現地へ行き、物件の現状を自分の目で調べます。

　現地調査が重要なのは、実際の物件の状態・状況と、このあと調査に行く法務局や市区町村役場などに残されている記録と比較して、違っている点はないかを確認する必要があるからです。もしも相違点があれば、買主にあらかじめ伝えておかなくてはなりません。

　調査ですから、ただながめるのではなく、持参したメジャーを使って敷地や道路を計測したり、スコップで地面を掘って境界標を確認します。

調べたことはメモに書きとめておくほか、敷地全体の様子や隣地との境界などは**デジカメ**で**撮影**しておきましょう。

📠 調査記録表にメモしていこう

現地調査で調べる主なことは、以下の通りです。

現地調査で調べること

調査1

敷地と接道との関係

→ 敷地、接道、側溝（そっこう）など

調査2

隣地との境界

→ 境界標、境界塀、擁壁（ようへき）、越境物、高低差など

調査3

上下水道管、ガス管

調査4

埋設物

→ 井戸、浄化槽、木の根など

調査5

物件周辺の状況

→ 電柱、道路標識、ゴミ置場など

調査6

住環境と周辺施設

→ 事件・事故、騒音、学校、役所、火葬場など

調べたことは次ページの
調査記録表などに
メモしておきましょう

A:概略図

概略図には敷地（形状・幅・間口）と接道（幅員）、側溝を描く。
また右側に列記したものも、あれば記入する。

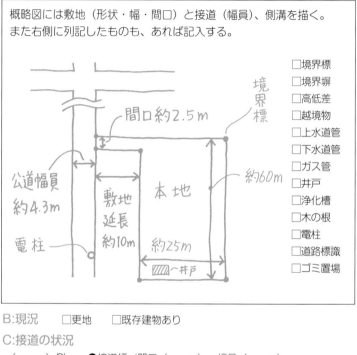

□境界標
□境界塀
□高低差
□越境物
□上水道管
□下水道管
□ガス管
□井戸
□浄化槽
□木の根
□電柱
□道路標識
□ゴミ置場

B:現況　　□更地　　　□既存建物あり

C:接道の状況

（　　　）側　　●接道幅／間口（　　m）　幅員（　　m）
　　　　　　　　●側溝：本地側　□無　□有（□L字　□U字）
　　　　　　　　　　　　対面側　□無　□有（□L字　□U字）

（　　　）側　　●接道幅／間口（　　m）　幅員（　　m）
　　　　　　　　●側溝：本地側　□無　□有（□L字　□U字）
　　　　　　　　　　　　対面側　□無　□有（□L字　□U字）

（　　　）側　　●接道幅／間口（　　m）　幅員（　　m）
　　　　　　　　●側溝：本地側　□無　□有（□L字　□U字）
　　　　　　　　　　　　対面側　□無　□有（□L字　□U字）

D:境界塀

( ) 側　□無　□有（□芯積み □隣地内 □本地内）　高さ（　m）　塀種類（　）
( ) 側　□無　□有（□芯積み □隣地内 □本地内）　高さ（　m）　塀種類（　）
( ) 側　□無　□有（□芯積み □隣地内 □本地内）　高さ（　m）　塀種類（　）

E:隣地との高低差

( ) 側（　m）（　）側（　m）（　）側（　m）（　）側（　m）

F:住環境

□事件・事故　　□近隣でのトラブル　□騒音、臭気、振動　　□ゴミ当番
□学校の評判　　□前の居住者　　　　□町内会（町会費）
□近所での取決め　□交通状況　など

〈メモ〉

G:周辺施設

□学校　　　　□役所　　□墓地　□火葬場　□ゴミ焼却場
□幹線道路　□変電所　□工場　□高速道路　　など

〈メモ〉

では、調査記録表を用いながら、現地調査の進め方を見ていきましょう。

表の左上にある〈A：概略図〉欄には、まず敷地の形状、幅、間口と、接道の幅員、側溝を描きます。

さらに、隣地との境界標や境界塀、隣地との高低差、木の枝など隣地からの越境物、上下水道管やガス管などの埋設管、井戸、浄化槽、木の根などの埋設物、そして物件周辺にある電柱や道路標識、ゴミ置場なども、必要に応じて記入します。

その下の〈B：現況〉欄には、家屋などの建物があれば「既存建物あり」にチェックを入れ、何もなければ「更地」にチェックを入れます。

〈C：接道の状況〉欄には、接道と側溝について、以下のことを記入します。

　　○東西南北どちら側にあるか

　　○接道は「接道幅」（間口。土地と道路が接する長さ）と

　　　「幅員」（道路の幅。道路幅員）をメジャーで計測

　　○側溝があるのは、「本地側」（物件にそった側）か、「対

　　　面側」（道路をはさんだ向かい側）か

　　○側溝の断面の形状は「L字」か「U字」か

ここでとくに気をつけたいのは、接道幅（間口）です。

右ページの図のように、間口が狭くて奥まっている敷地では、敷地と道路をつなぐ細長い部分の土地があり、これを**敷地延長**といいます（P.62参照）。敷地延長で間口が2m以上あっても、

敷地へ伸びる途中の部分の幅が2m未満だと、やはり建築はできませんので注意してください。

　また、原則として道路の幅員は4m以上あることが必要です。もしも4m未満の場合は、**セットバック**が必要になります（P.99参照）。接道の状況を確認して、セットバックが必要になりそうか、目安をつけておきましょう。

調査2 隣地との境界

　〈A：概略図〉欄に、**境界標**（境界を示す杭などの目印）、**境界塀**（境界に立てた塀）、**擁壁**（土留めをするために設けた壁状の構築物）、木の枝など隣地からの**越境物**などがあれば〈A：概略図〉に記入します。

〈D：境界塀〉欄には、境界塀がどちら側（東西南北）の、どの位置にあるかを確認して記入します。

　　○隣地と本地との境界上にある（芯積みという）

　　○隣地内にある

　　○本地内にある

　境界塀の高さや種類も記入します。種類にはブロック塀のほか、フェンス塀、万年塀などがあります。

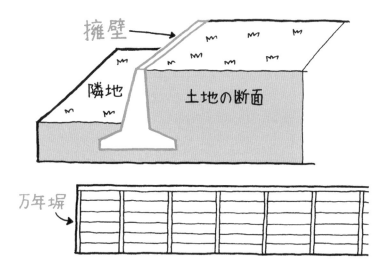

　境界標が見当たらない場合は、あとで売主に確認します。地中に埋まっていることもあるので、設置されていそうな場所をスコップで掘ってみましょう。

　また２m以上の高さがある擁壁は、一定の構造計算がされて

いないなどの場合に建て直す必要があり、その費用は買主の負担になることがあります。

〈E：隣地との高低差〉欄には、どちら側（東西南北）に、どれくらいの隣地との高低差があるかを測定して記入します。

調査3 上下水道管、ガス管

〈A：概略図〉欄に、**上水道管、下水道管、ガス管**などの埋設管の引込位置を確認して記入します。

ガスは、都市ガスか、プロパンガスかを調べます。

また、ガスメーター、水道メーター、下水・汚水・雨水（うすい）の点検枡（てんけんます）も確認しましょう。これらは複数あったり、場合によっては隣地から埋設管が越境して引き込まれていて、物件側にはないこともあります。

さらに屋根や雨樋（あまどい）、エアコンの室外機、樹木の枝や根、電線などが、敷地外から敷地内へ、あるいはその逆に**越境**している場合も、〈A:概略図〉欄に記入します。

調査4 埋設物

井戸や**浄化槽**などの埋設物があれば〈A：概略図〉欄に記入します。

地中に埋められている埋設物は、地表を見ただけではまずわかりません。また売主自身が忘れていて、ヒアリングでも出てこないことがあります。売買後に見つかり、トラブルになるケースも多いので、とくに古い物件では「必ず埋設物がある」という意識をもって注意深く調べましょう。

調査5 物件周辺の状況

物件の周辺にある、**電柱**や**道路標識**、**ゴミ置場**なども〈A：概略図〉に記入しておきましょう。

また、隣りの家の窓や玄関の位置は、買主が新たに家を建てる際の設計プランに関わってくるので、これもチェックしておきます。

日照(にっしょう)や風通しの具合も、周辺の建物の影響を受けないか、確認しておきましょう。

調査6 住環境と周辺施設

物件を取り巻く住環境について、近隣の住民へのヒアリングと、周辺施設の調査を行い、それぞれ〈F：住環境〉欄と〈G：周辺施設〉欄に記入します。

現地調査の中で、あとで買主から「役に立った」と一番感謝されるのが、近隣の住民へのヒアリングです。過去に起こった**事件や事故、近隣でのトラブル、騒音、臭気、振動**などについて、物件の両隣りと向かいの家を中心に、最低5軒くらいは聞き込み調査します。

相手が留守だと再訪しなくてはならないなど、手間ひまがかかりますが、あなた自身がそこに住むつもりで、ていねいに、できるだけ詳しい情報を集めましょう。

また、自分で物件周辺を歩きまわり、**学校や役所、病院**、あるいは**墓地**や**ゴミ焼却場、火葬場、幹線道路**などの有無や状況を調べます。

以上、現地で調査することはいろいろあるので、はじめのうちはとまどうかもしれません。面倒くさがらずに、1つひとつの情報を根気よく、ていねいに集めていきましょう。

敷地延長のメリット・デメリット

　敷地と道路をつなぐ細長い路地のような部分が敷地延長（敷延）です。これは土地であって、道路や私道ではありません。「路地状部分」、あるいは敷地を含む形が旗に似ていることから「旗竿地」とも呼ばれます。間口は必ず2ｍ以上必要で、「隅切り」といって間口が少し広くなっていることもあります。

　特殊な形状なため、メリット・デメリットがいくつかあります。まず、デメリットとしては、

　　・採光や風通しが悪い

　　・防犯面に不安がある

　　・土地を売るときに価格査定でマイナスになる

　またメリットとしては、

　　・道路側からの騒音が届きにくい

　　・購入するときは価格が割安

　などが挙げられます。

つづいて
法務局での調査
になります！

第 3 章

法務局での
物件調査

法務局へ行き
物件の権利関係を調べる

🏠 現地を離れて、次の調査先は法務局

現地調査、お疲れさまでした！

——えっ？ 「歩きまわりすぎて、足が痛い」？

ていねいに、一生懸命、調べましたからね！

でも、調査しなくてはならないことは、まだ残っています。もうひとがんばりしましょう！

現地調査を終えたら、次に調査するのは、**法務局**(ほうむきょく)と**市区町村役場**です。

法務局	→ 土地・建物の権利関係などを調べる
市区町村役場	→ 土地・建物の法規制などを調べる

ここでは順番として、法務局での調査のほうを先に取り上げます。ところで、法務局って何か、知っていますか。

法務局とは…
● 法務省の地方支分部局のこと
● **不動産の登記**、会社の登記、
　戸籍や国籍の登録などの業務を行う
● **登記所**(とうきしょ)ともいう

🏠 誰が、どこを所有しているかを確認する

　法務局で調べることは、主に**物件の権利関係**です。最近は登記の不備を原因とする取引トラブルが増えています。調査する土地や建物を、「誰が」「どこからどこまで所有しているのか」、あるいは「隣地の所有者は誰か」といったことは、間違いのないように確認しておかなくてはなりません。

　こうした権利関係をはじめ、法務局では物件に関する公的な記録が書かれた、以下の書類を手に入れます。

法務局で入手する主な書類

公　図	土地の所有権の境をあらわした地図
土地・建物の登記簿謄本	土地・建物の登記された内容の写し（謄本）。**登記事項証明書**（全部事項証明書）ともいう
地積測量図	土地家屋調査士が作成した、**土地の公的な測量図**
建物図面・各階平面図	建物図面は**建物の位置**をあらわした図面。各階平面図は建物の**各階ごとの詳しい形状**をあらわした図面。どちらも土地家屋調査士が作成する
隣地の要約書	隣地の土地・建物の登記された内容を要約した書類。**登記事項要約書**という

これらの書類は最寄りの
法務局、支局、出張所で入手できます！

02

公図番号、地番、家屋番号を調べる

🏠 書類の交付申請に必要な番号がある

　法務局（支局、出張所）に到着して、一番はじめにすることは、目的の物件の**公図番号と地番、家屋番号の調査**です。

　なぜなら、法務局で登記簿謄本などの必要書類の交付を受けるには、これらの番号がわからないと申請できないからです。

公図番号	➡ 公図（P.72 参照）に割り当てられた番号
地番	➡ 登記上、土地ごとにつけられた番号
家屋番号	➡ 登記上、建物ごとにつけられた番号で、多くは地番と同じ

　土地や建物の所在地の表示の仕方には、住居表示と地番の2つがあります。ふだん、「住所」と呼んでいる、「東京都台東区台東○丁目○番○号」というのが**住居表示**。

　一方で、土地の登記のために、役所が1つひとつの土地につけた番号が、**地番**です。法務局で登記簿謄本などを入手する際には、住居表示では申請できず、必ず物件の地番、家屋番号を申請書類に記載しなくてはなりません。もしも、売主から入手した書類に、権利証（または登記識別情報）があれば、そこに地番、家屋番号が記載されています。

なお、家屋番号の多くは地番と同じですが、例えば同じ敷地内に別の複数の建物があったり、建物が複数の敷地にまたがって建っているときなどは違ってきます。

🏠 住宅地図（ブルーマップ）を使って地番を調べる

　公図番号、地番、家屋番号を調べるには、法務局に備え置かれている**住宅地図**、通称「**ブルーマップ**」を使います。

　ブルーマップには公図番号のほかに、住居表示と地番が、黒色（住居表示）と青色（地番）に分けて記載されています。つまり、物件の住所さえわかっていれば、ブルーマップで地番を照合できるわけです。

住宅地図（ブルーマップ） ※イメージです

03

公図や登記簿謄本を
申請・取得する

🏠 必ず写しを取得する書類がある

公図番号と地番、家屋番号がわかったら、法務局で入手する
書類の**交付申請書**に必要事項を記入して、窓口へ提出します。

P.65 にあげた書類のうち、公図、土地・建物の登記簿謄本
と前面道路の登記簿謄本、地積測量図、建物図面・各階平面図
は、**必ず写しの交付を申請し、取得**します。

これらの書類は P.70 ～ 71 に掲載した申請書を使って申請し
ます。

なお、隣地の要約書（登記事項要約書）も入手するようにし
ましょう。申請書は、登記事項要約書の交付を申請する専用の
ものがあります。

COLUMN

公図などの入手はインターネットでも OK！

公図などの入手は、法務局で申請するほかに、インターネッ
トを利用する方法があります。1つは、民事法務協会が運営す
る「登記情報提供サービス」です。事前に簡単な登録手続きを
行えば、公図などはPDFファイルでダウンロードできます（有
料）。もう1つは、法務局の「登記・供託オンラインシステム」
です。オンライン請求手続きをすると、法務局の窓口または郵
送で公図などを受け取れます（有料）。

交付申請書に記入

⬇

窓口へ提出 （受付番号札を受け取る）

⬇

書類（写し）を受け取る

⬇

誤りがないかを確認

⬇

手数料を収入印紙で支払う

🏠 数百円の手数料を印紙で支払う

　これらの書類の写しの交付や閲覧には、**手数料**がかかります。手数料は、申請書に収入印紙（または以前発行されていた登記印紙）を貼付することで支払います。

　法務局内には印紙売り場があるので、そこで購入することもできます。

　料金は、公図の交付なら1枚あたり450円、登記事項証明書の交付は600円などとなっています。

　申請書に印紙を貼付するのは、申請書を窓口に持参するときではなく、交付された書類を受け取り、誤りがないかを素早く確認してからでOKです。印紙を貼った申請書は、再び窓口へ渡します。

地図・各種図面用	地　　　　　図　の　証明書 申請書
	地積測量図等　　閲　覧

※ 太枠の中に記載してください

窓口に来られた人（申 請 人）	住 所	東京都台東区台東○―○―○	収入印紙欄
	フリガナ　シンセイ　　タロウ		収 入
	氏 名	新星 太郎	印 紙

※地番・家屋番号は、住居表示番号（○番○号）とはちがいますので、注意してください。

種 別（レ印をつける）	郡・市・区	町・村	丁目・大字・字	地 番	家屋番号	請求通数	
1 ☑土地	杉並区	荻窪	○丁目	○番○	○番	1	収 入
2 ☑建物						1	印 紙
3 □土地							
4 □建物							（登記印紙も使用可能）
5 □土地							
6 □建物							収入印紙は割印をしないでここに貼ってください。
7 □土地							
8 □建物							
9 □土地							
10□建物							

（どちらかにレ印をつけてください。）

☑ 証 明 書　　　　□ 閲 覧

※該当事項の□に印をつけ、所要事項を記載してください。

☑ 地図・地図に準ずる図面（公図）（地図番号：

☑ 地積測量図・土地所在図
　☑ 最新のもの　□ 昭和/平成___年___月___日登記した

☑ 建物図面・各階平面図
　□ 最新のもの　□ 昭和/平成○年○月○日登記した

□ その他の図面（　　　　　　　　　　　　　　　）

□ 閉鎖した地図・地図に準ずる図面（公図）

□ 閉鎖した地積測量図・土地所在図（昭和/平成___年___月___日閉鎖）

□ 閉鎖した建物図面・各階平面図（昭和/平成___年___月___日閉鎖）

> 公図、地積測量図、建物図面・各階平面図の申請はここをチェック

交 付 通 数	交 付 枚 数	手 数 料	受 付・交 付 年 月 日

（乙号・4）

70

登記事項証明書

不動産用

登記簿謄本・抄本 交付申請書

※ 太枠の中に記載してくださ

						収入印紙欄
住 所	東京都台東区台東○─○─○					

フリガナ　シンセイ　　　タロウ

氏 名　新星 太郎

収 入
印 紙

※地番・家屋番号は、**住居表示番号（○番○号）**とはちがいますので、注意してください。

種 別 （レ印をつける）	郡・市・区	町・村	丁目・大字・地字	番	家屋番号 又は所有者	請求 通数
1 ☑土地	杉並区	荻窪	○丁目	○番○		1
2 ☑建物						1
3 □土地						
4 □建物						
5 □土地						
6 □建物						
7 □土地						
8 □建物						
9	□財団（□目録付） □船舶 □その他					

収 入
印 紙

収入印紙（登記印紙も使用可能）は割印をしないでここに貼ってください。

※共同担保目録が必要なときは，以下にも記載してください。
次の共同担保目録を「種別」欄の番号＿＿＿＿＿番の物件に付ける。
□現に効力を有するもの □全部（抹消を含む）□（ ）第＿＿＿＿号

※該当事項の□にレ印をつけ，所要事項を記載して

☑ 登記事項証明書・謄本（土地・建物）
専有部分の登記事項証明書・抄本（
□ただし，現に効力を有する部分のみ（抹消

> 土地・建物の登記簿謄本の
> 申請はここをチェック

□ 一部事項証明書・抄本（次の項目も記載してください。）
共有者＿＿＿＿＿＿＿＿＿に関する部分

□ 所有者事項証明書（所有者・共有者の住所・氏名・持分のみ）
□ 所有者 □ 共有者＿＿＿＿＿＿＿

□ コンピュータ化に伴う**閉鎖登記簿**
□ 合筆，滅失などによる**閉鎖登記簿・記録**

> 閉鎖登記簿謄本（P.74参照）
> の申請はここをチェック

交 付 通 数	交 付 枚 数	手 数 料		

（乙号・1）

🏠 公図を取得するときの注意点

そもそも**公図**（P.86 の図を参照）は、**土地の区画（境界、筆界）を明らかにする**ための資料として、法務局に備え付けられているものです。

ところが、公図の多くは明治時代の昔につくられたものであり、現在の状況とは異なっているものも少なくありません。

公図は、厳密には
正確なものではありません！

公図の写しを受け取ったら、すぐに確認するべきことがあります。それは、物件の隣接地が公図に載っているかどうかです。

たまに、物件がちょうど公図の境にかかってしまい、隣接地が載っていないことがあります。そのときは、隣接地の公図番号、地番を調べて、その公図の写しの交付を別途申請しなくてはなりません。

🏠 地積測量図の取得の注意点

地積とは、登記上の土地の面積のことです。それを土地家屋調査士が正確に測量した公的な図面が、地積測量図（P.87 参照）です。

ただし、この図面は土地の登記を申請するときに添付する資料であり、法務局にない場合もあります。

地積測量図が法務局に残されているのは、多くの場合、次のようなケースです。

- 以前に「分筆登記」したケース

  ……一筆の土地を、二筆以上に分けて登記し直した

- 以前に「地積更正登記」したケース

  ……地積を測量し直して、誤って登記されている地積を正しく登記し直した

また、合筆（二筆以上を一筆にまとめる）した土地だと、合筆登記では地積測量図の添付が不要なため、つくっていないことがあります。

その場合は、合筆する前の数筆の地番の地積測量図を取得しておきます。

建物図面・各階平面図の取得の注意点

建物図面・各階平面図（P.88 参照）は、建物の表示登記（＝表題登記。P.79 参照）や、表示変更登記をするときの添付資料なので、それらの登記が行われていないと**法務局に存在しません**。

建物に関する図面なので、中古物件を扱うときに申請するものですが、新築で完成したばかりの物件でも、表示登記されていれば念のために取得しておきましょう。

🏠 土地・建物の登記簿謄本の取得の注意点

　土地と建物は、別々に登記します。どの登記簿謄本が必要なのか、申請時にもれのないよう注意しましょう。

登記簿謄本と登記事項証明書は
ほぼ同じものです
※P.76以降で詳しく解説します

　法務局（登記所）がコンピュータ化される以前は、登記簿謄本を取得していましたが、いまは登記簿謄本に代わるものとして、登記事項証明書が交付されています。

🏠 更地は建物の滅失登記を確認する

　調査している土地が更地(さらち)の場合は、念のため建物の**閉鎖登記簿謄本**を別途取得します。建物を取り壊して、建物滅失(めっしつ)登記をすると、その建物の登記記録が「現在の登記記録」から外され、閉鎖されます。ところが中には、建物を解体しただけで、滅失登記をしていないケースも多いのです。

　滅失登記がされていないと、金融機関から融資を受けられなかったり、本来の家屋番号が使えなかったりするなど、あとでトラブルになることがあります。

🏠 共同担保目録も申請する

　住宅ローンを組むときなど、土地を担保にしてお金を借り入

れるときは、「万一、ローンの支払いができなくなったときは、代わりに担保にした土地を渡します」という権利を設定します。これを抵当権といいます。

　土地に抵当権が設定されている場合、その土地のほかにも一緒に担保となっている別の土地や建物があることがあります。これを共同担保といい、その一覧を**共同担保目録**といいます。

　物件の売買では、共同担保となっている土地・建物も売買の対象となる可能性があるので、登記簿謄本を申請するときは、共同担保目録もつけてもらうように申請します。

🏠 隣地の要約書の取得の注意点

　調査する物件が接しているすべての隣地と、物件の前面道路が私道の場合は、その権利関係などを確認するために、道路に接する隣地について、**登記事項要約書**を取得します。

　また、公道に出るまでの私道については、持分があるかないかに関わらず、登記簿謄本を取得しておきます。

　なぜなら、「私道承諾書」といわれる書類を取る必要があるケースがあるためです。私道承諾書は、例えば人・車の通行や、上水道などの埋設管の引込工事をするための掘削が必要な場合に取らなくてはなりません。

登記簿謄本には
何が書かれているか？

🏠 表題部と権利部に大きく分かれている

あなたが法務局で取得したさまざまな書類には、いったいどんなことが書かれているのでしょうか。1つずつ見ていきましょう。

まずは、**登記簿謄本**（登記事項証明書、全部事項証明書）です。記載されている内容は、**表題部**と、2つの**権利部**に大きく分かれています。また、書類の交付を申請するときに**共同担保目録**の添付を申し込むと、それが加わります。

登記簿謄本（登記事項証明書）の内容と構成

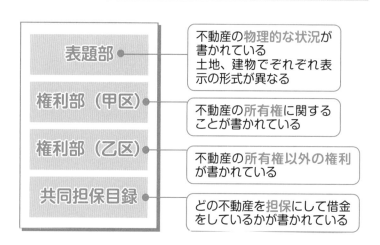

表題部	不動産の物理的な状況が書かれている 土地、建物でそれぞれ表示の形式が異なる
権利部（甲区）	不動産の所有権に関することが書かれている
権利部（乙区）	不動産の所有権以外の権利が書かれている
共同担保目録	どの不動産を担保にして借金をしているかが書かれている

表題部	（土地の表示）	調整	余白		不動産番号	————

地図番号	余白	筆界特定	余白	

所　在	台東区台東○丁目○番地	余白

①地　番	②地　目	③地　積　㎡	原因及びその日付（登記の日付）
○○○番	宅地	190:00	余白

所有者	台東区台東○丁目○番地　新星太郎

※これは土地の登記簿謄本の場合。
建物の表示の場合は P.79 参照

権利部（甲区）	（所有権に関する事項）		
順位番号	登記の目的	受付年月日・受付番号	権利者その他の事項
1	所有権移転	平成○年○月○日 第○号	原因　平成○年○月○日　売買 所有者　台東区台東○丁目 　　　　○番地○ 　　　　新星太郎

権利部（乙区）	（所有権以外の権利に関する事項）		
順位番号	登記の目的	受付年月日・受付番号	権利者その他の事項
1	抵当権設定	平成○年○月○日 第○号	原因　平成○年○月○日　設定 債権額　金○万円 損害金　年○％ 債務者　○○○○○○○ 抵当権者　○○○○○○○

共同担保目録				
記号及び番号	（は）第○○○号		調整	平成○年○月○日
番号	担保の目的である権利の表示	順位番号	予　備	
1	台東区台東○丁目○番の土地	1	余白	
2	台東区台東○丁目○番 家屋番号○番の建物	1	余白	

ポイント

●土地の物理的な状況が記載（登記）されている
●必ずしも現況と一致しない内容がある

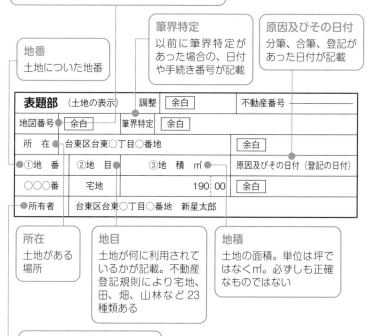

地図番号
通常は「余白」。不動産登記法第14条の地図（14条地図）があるときはその番号が記載

筆界特定
以前に筆界特定があった場合の、日付や手続き番号が記載

原因及びその日付
分筆、合筆、登記があった日付が記載

地番
土地についた地番

表題部 (土地の表示)	調整	余白		不動産番号	
地図番号●	余白	筆界特定	余白		
所　在●	台東区台東○丁目○番地			余白	
●①地　番	②地　目●	③地　積　㎡●		原因及びその日付（登記の日付）	
○○○番	宅地	190:00		余白	
●所有者	台東区台東○丁目○番地　新星太郎				

所在
土地がある場所

地目
土地が何に利用されているかが記載。不動産登記規則により宅地、田、畑、山林など23種類ある

地積
土地の面積。単位は坪ではなく㎡。必ずしも正確なものではない

所有者
土地の所有者の住所、氏名が記載。分譲地などで共有財産としてゴミ置場や集会場を含むときはここに記載

ポイント

●建物の物理的な状況が記載（登記）されている
●必ずしも現況と一致しない内容がある

家屋番号
ほとんどは建物が建つ土地の地番と同じ番号が記載。同じ敷地にほかにも建物があるときは「○番の2」などとなる

所在図番号
建物が建つ土地の地番

床面積
各階ごとの床面積。単位は坪ではなく㎡

表題部 (主である建物の表示)		調整	余白		不動産番号	————
地図番号	余白					
所在図番号	台東区台東○丁目○番地			余白		
家屋番号	○○番			余白		
①種　類	②構　造	③床　面　積　㎡			原因及びその日付（登記の日付）	
居宅	木造かわらぶき 2階建	1階　60:00 2階　40:50			平成○年○月○日新築 ［平成○年○月○日］	
所有者	台東区台東○丁目○番地○　新星太郎					

構造
建物の構造材料、屋根の種類、階数などが記載

種類
建物が何に利用されているかが記載。不動産登記規則により主な用途には居宅、店舗、事務所などがある

権利部（甲区）に書かれていること

ポイント

●不動産の所有権に関することが記載（登記）されている
●過去の所有者や、所有者が複数いる場合の持分もわかる
●現在の所有者は売買、相続など、どんな経緯で物件を取得したか

順位番号
登記内容を記載した順序。
登記の申請を受け付けた順
に、その内容が記載される。
登記した権利の順位を示す

受付年月日・受付番号
登記の申請が受け付けら
れた日付と番号

権利部（甲区）	（所有権に関する事項）		
順位番号	登記の目的	受付年月日・受付番号	権利者その他の事項
1	所有権移転	平成○年○月○日 第○号	原因　平成○年○月○日　売買 所有者　台東区台東○丁目 　　　　○番地○ 　　　　新星太郎

登記の目的
どんな所有権の登記がされたかが記
載。はじめて所有権の登記をしたと
きは「所有権保存」。所有権が別の人
に移ったときは「所有権移転」「名義
人変更」など。「所有権移転仮登記」
「所有権移転請求権仮登記」と書かれ
ているときは、別の不動産会社で取
引が進んでいるので注意が必要

権利者その他の事項
所有者の住所、氏名が記
載。共有者があるときは
持分が記載

権利部（乙区）に書かれていること

●不動産の所有権以外の権利が記載（登記）されている
●抵当権などの登記がなければ記載はない

登記の目的
どんな所有権以外の権利の登記がされたかが記載。例えば「抵当権設定」とあれば、不動産を担保にお金を借りたことがあることを意味する

権利部（乙区）	（所有権以外の権利に関する事項）		
順位番号	登記の目的	受付年月日・受付番号	権利者その他の事項
1	抵当権設定	平成○年○月○日 第○号	原因　平成○年○月○日　設定 債権額　金○万円 損害金　年○% 債務者　○○○○○○○ 抵当権者　○○○○○○○

権利者その他の事項
権利者の住所、氏名が記載。抵当権設定のときは債権額、損害金、債務者、抵当権者の住所氏名が記載

ポイント

●抵当権など1つの債権に対して、複数の不動産が共同で担保権の設定がされている場合に、どの不動産が担保になっているかが記載（登記）

●例えば住宅ローンを組む場合で、土地と建物の両方を担保にしたときは、その土地と建物が共同担保となる

順位番号
権利が登記された順番。住宅ローンを組んで建てた新築なら「1」となる

共同担保目録

記号及び番号	（は）第○○号		調整	平成○年○月○日
番号	●担保の目的である権利の表示	順位番号	予 備	
1	台東区台東○丁目○番の土地	1	余白	
2	台東区台東○丁目○番 家屋番号○番の建物	1	余白	

担保の目的である権利の表示
権利部（乙区）に書かれている抵当権などの債権が、どの不動産を担保にしているかが記載。ここに出ている地番の土地、家屋番号の建物の登記簿謄本（登記事項証明書）もすべて取得しておく

🏠 権利関係は登記の順番が重要！

登記は原則として、早く申請して受け付けられたほうが優先順位の上位とみなされます。そのため、例えば所有権（権利部の甲区）では、一番先に登記の申請をした者が認められ、あとから申請しても却下されます。

また抵当権では、あとから申請したほうが優先順位は下がってしまいます（先に申請した者と同順位にすることは可能）。

登記簿を見るときは、順位番号や受付番号から権利の優先順位を判断することが重要です。

なお、文字の下に下線が引かれている部分は、抹消されている事項であることを示しています。

権利部（乙区）	（所有権以外の権利に関する事項）		
順位番号	登記の目的	受付年月日・受付番号	権利者その他の事項
1	抵当権設定	平成○年○月○日 第○号	原因　平成○年○月○日　設定 債権額　金○万円 損害金　年○％ 債務者　○○○○○○○○ 抵当権者　○○○○○○○○

公図、地積測量図、建物図面を見てみよう

🏠 公図の信頼性はあまり高くない！

つづいて、地図や図面を見ていきましょう。

まずは、**公図**です。公図は、土地の所有権の境をあらわした地図です。

ただし、名前からして「公的につくられた、正確な地図」と思いがちですが、決してそうではありません。古くは明治時代につくられたものも多く、土地の形状や広さは精密ではないことを覚えておきましょう。

🏠 公図と現地調査の結果を照合する

公図を見ながら、先に行った売主へのヒアリングと現地調査で明らかになった内容と比べて、公図に記載されていることが間違いなく合っているかを確かめます。

1つめの確認は
土地の形状と範囲です

もしも現地調査で調べた境界（筆界）と違っていたら、なぜそうなのか、理由を追跡調査する必要があります。

2つめの確認は
接する道路です

　建物を建てる場合は、その建物が建つ**土地が、必ず建築基準法上の道路に 2m 以上接していなくてはならない**という決まりがあります（P.97 参照）。公図上で、土地と道路が接しているかを確かめます。

🏠 地番のついた道路と接していたら注意

3つめの確認は
接している道路に
**地番がついたものは
ないか**です

　地番がついているときは、公道ではなく**私道**の可能性があります。早速、その地番の登記簿謄本を取得して、所有者を確かめましょう。

　もしも公道ではなく、道路の所有者が個人や会社だったら、その道路を通行したり、上下水道管を引き込むために、所有者の承諾を得なくてはなりません。その手続きには、承諾書を作成するなど手間がかかります。

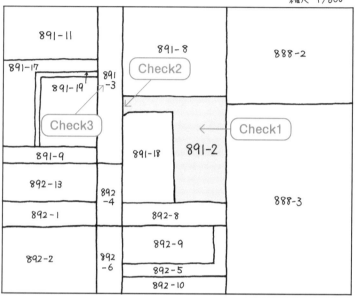

縮尺 1/600

Check1	土地の形状・範囲は現地調査と合っているか
Check2	土地が建築基準法上の道路と接しているか
Check3	接している道路に地番がついているか

🏠 古い地積測量図や建物図面は信頼がおけない

　地積測量図と、**建物図面・各階平面図**が法務局に備え付けられるようになったのは、昭和35年～40年頃のことです。そのため、それよりも古い時期に登記された物件だと、どちらも存在しない可能性があります。

　また、地積測量図は土地の表題登記や分筆登記などの添付資料であり、建物図面は建物の表題登記や表示変更登記などの添付資料なので、すべての物件でつくられているわけではありません。

地積測量図の例

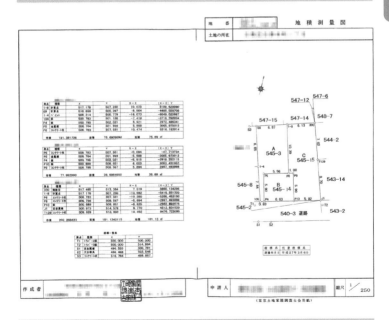

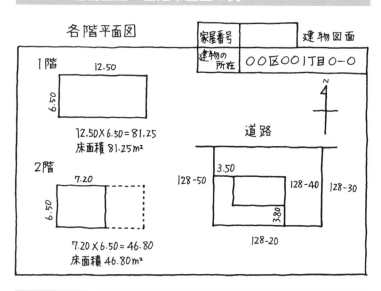

各階平面図

1階

12.50

6.50

12.50 × 6.50 = 81.25
床面積 81.25㎡

2階

7.20

6.50

7.20 × 6.50 = 46.80
床面積 46.80㎡

家屋番号		建物図面
建物の所在	○○区○○1丁目○−○	

道路

128-50

3.50

3.80

128-40

128-30

128-20

さあ、次は
市区町村役場での
調査です！

役所での 物件調査

01

市区町村役場へ行き法規制などを調べる

🏠 調査記録表を使ってチェック！

　法務局で物件の権利関係などの調査を終えたら、次に向かうのは**市区町村役場**（以下、役所という）です。

　役所での調査では、調べている物件が法律上どのような地域に属していて、敷地や建物に対してどんな制限（法規制）がかかっているかを主に調べます。

土地・建物が…

> ①法律上どんな**地域**に属するか

> ②法律上どんな**制限**があるか

役所で調べる！

　その際には、現地調査と同様に、P.92 に掲げたような調査記録表を用いると、調べる情報の整理がつきやすくなります。

　では、この表に基づいて、役所で行う調査を1つずつ見ていきましょう。

　まずは〈A：都市計画関係〉の調査です。この調査は役所内の**都市計画課**で行います。

　用途地域とは、都市計画法で定めた**市街地の用途**で、住宅系、商業系、工業系など全部で 13 種類あります。

　P.92 の調査記録表で「1 低」とあるのは第一種低層住居専用地域で、ここには住宅のほかに 50㎡以下の店舗併用住宅が建てられます。また「2 低」は第二種低層住宅専用地域で、ここには住宅のほかに 150㎡以下の店舗併用住宅が建てられます。

　このほか、第一種中高層住居専用地域（1 中）、第二種中高層住居専用地域（2 中）、第一種住居地域（1 住）、第二種住居地域（2 住）、田園住居地域、準住居地域（準住）、近隣商業地域（近商）、商業地域（商業）、準工業地域（準工）、工業地域（工業）、工業専用地域（工専）があります。

調査 2 建ぺい率

　建ぺい率とは、**敷地面積に占める建物の面積の割合**をいい、「％」であらわします。例えば、敷地面積が 100㎡で、建ぺい率が 50％ならば、建物の面積は 50㎡になります。

　建ぺい率は、用途地域ごとに上限が設けられています。

調査 3 容積率

　容積率とは、**敷地面積に占める建物の延べ面積（建築物の各階の床面積の合計）の割合**をいい、「％」であらわします。

　容積率も、用途地域ごとに上限が設けられています。

第
4
章

役所での物件調査

A：都市計画関係　　　　　[　　　　　　　　課　　　　　　　　]

調査1 用途地域

☐1低　　☐2低　　☐1中　　☐2中　　☐1住　　☐2住　　☐田住　　☐準住
☐近商　　☐商業　　☐準工　　☐工業　　☐工専

調査2 建ぺい率　①　　　　　%　②　　　　　%

調査3 容積率　①　　　　　%　②　　　　　%

調査4 防火地域などの指定

①　☐防火地域　　☐準防火地域　　☐無指定
②　☐防火地域　　☐準防火地域　　☐無指定

調査5 高度地区

①　☐1種　　☐2種　　☐3種　　☐（　　　　）
②　☐1種　　☐2種　　☐3種　　☐（　　　　）

調査6 絶対高さ制限

①　☐有（　　　m）　☐無　　②　☐有（　　　m）　☐無

調査7 日影規制

①　☐3h〜2h　　☐4h〜2.5h　　☐5h〜3h　　　☐1.5m　　☐4m
②　☐3h〜2h　　☐4h〜2.5h　　☐5h〜3h　　　☐1.5m　　☐4m

調査8 敷地面積の最低限度

①　☐有（　　　㎡）　☐無　　②　☐有（　　　㎡）　☐無

調査9 都市計画道路

☐有　　☐無　　名称：
・決定年月日：　　　年　　　月　　　日　☐計画決定　☐事業決定
・決定番号：　　　　　告示　第　　　号
・計画線：　☐有　　☐無　　・幅員：　　　　m
・概要：

調査10 開発許可

☐有　　☐無　　（許可番号　　　　　　許可　　　　　　号

調査11 土地区画整理事業

☐有　　☐無　　名称：
・決定年月日：　　　年　　　月　　　日　☐計画決定　☐事業決定
・決定番号：　　　　　告示　第　　　号
・市街化予想線：　☐有　　☐無
・概要：

調査12 特別用途地区

□有　□無　　　　　　　　　　　　地区

調査13 風致地区・地区計画

風致地区　□有　□無　名称：
地区計画　□有　□無　名称：

調査14 そのほか法令に基づく制限

□有　□無　名称：

B：前面道路の扱い　　　　　[　　　　　　　　課　　　　　　　　]

① 　　側　・種別　項　号　・□公道 □私道 □（　　　　）
　　　　　　・認定幅員　　　m　・査定 □済 □未
② 　　側　・種別　項　号　・□公道 □私道 □（　　　　）
　　　　　　・認定幅員　　　m　・査定 □済 □未
③ 　　側　・種別　項　号　・□公道 □私道 □（　　　　）
　　　　　　・認定幅員　　　m　・査定 □済 □未
④ 　　側　・種別　項　号　・□公道 □私道 □（　　　　）
　　　　　　・認定幅員　　　m　・査定 □済 □未

※位置指定道路の場合
　指定年月日：　年　月　日　　指定番号：

C：近隣の建築計画　　　□　[　　　　　　課　　　　　]

D：近隣の地質調査　　　□　[　　　　　　課　　　　　]

E：土壌汚染　　　　　　□　[　　　　　　課　　　　　]

F：埋蔵文化財包蔵地　　□　[　　　　　　課　　　　　]

G：水害履歴　　　　　　□　[　　　　　　課　　　　　]

H：該当する場合に取得が必要な書類

□区画整理資料　　□風致地区資料　　□道路台帳
□官民査定図　　　□位置指定図　　　□下水道台帳の取得
□壁面線の制限　　□建築協定　　　　□みどりの条例
□中高層建物紛争予防条例　　など

調査4 防火地域などの指定

市街地で火災の危険を防ぐために、防火地域、準防火地域に指定されることがあります。指定された地域の建物は、耐火建築物にしなくてはならないなど、一定の制限を受けます。

調査5 高度地区

高度地区とは、建物の高さが一定範囲になるように、都市計画法で制限された地区です。制限の内容は各自治体によって異なり、「第1種」「第2種」など複数の種類があります。

調査6 絶対高さ制限

街の景観や住環境を守るために決められた、建物の高さの上限です。

調査7 日影規制

日照を確保するために、中高層の建物によってできる日影

（ひかげ／にちえい）を一定時間内に抑えるように、**建物の高さ**などを制限するのが、日影規制です。ここでいう日影とは、地表に落ちる日影ではなく、測定水平面（平均地盤面からの高さが1.5mまたは4m）に生じる日影の時間です。

調査8 敷地面積の最低限度

　第一種、第二種低層住居専用地域では、**建物の敷地面積が一定以上の広さでなければならない**場合があります。これは、広い敷地を分割して、小さい敷地にすることを防ぐ規制です。

調査9 都市計画道路（としけいかくどうろ）

　都市計画道路とは、都市計画法に基づき、都市の将来像をふまえて計画された、街づくりの骨格となる道路です。

　大型の道路が多く、この道路が計画されている場所では、道路整備がスムーズに進められるように、建物の種類や構造、高さなどに一定の制限がかかります。

　調査する物件から半径100mの範囲に都市計画道路がある場合は、その名称や計画決定の年月日、決定番号、計画線が決まっている場合には位置や幅員などを確認します。

調査10 開発許可

　開発許可制度は、都市計画法で定められているもので、「500㎡以上」など一定の敷地面積の「開発行為」を行う場合に許可が必要となります。近隣でこうした大型開発が予定されている場合は、開発登録簿を見て詳細を調べます。

調査11 土地区画整理事業

　土地区画整理事業とは、土地区画整理法に基づいて、**不整形な土地などを解消**し、道路や公園などの公共施設の整備を行うものです。調査する物件が、この指定区域内にある場合は、事業の完了後、どこに道路が敷設されるかをチェックします。

　道路の予定ラインは「市街化予想線」などと呼ばれています。地図を借りてトレースして手元に控えておきましょう。

調査12 特別用途地区

　特別用途地区とは、**地域の特性をいかした土地利用**の増進や環境保護をはかるために、用途地域の用途規制を補完して定める規制です。「中高層階住居専用地域地区」や「特別工業地区」などがあります。

調査13 風致地区・地区計画

　風致地区とは、**自然の美しい景観の保全**をはかるために、建物の高さや規模を制限することで、風致（自然の景色のおもむき、味わい）の維持を目的に指定された地区です。

　また地区計画とは、小規模な地区内で、その**地区の特性にふさわしい街づくり**を行う都市計画です。

調査14 そのほか法令に基づく制限

　以上に見てきたもののほかに、土地・建物の制限に関わる主な法令には、生産緑地法、宅地造成等規制法、航空法、都市緑地法、景観法などがあります。

02

どんな道路と
接しているか調べる

🏠 道路次第では建物が建てられない！

　都市計画課での調べを終えたら、つづいて**建築課**へ移り、建築上の法規制について調査します。調査係という部署で取り扱われていることが多いようです。

　はじめに、P.93の調査記録表にある〈B：前面道路の扱い〉から見ていきましょう。

　「土地や建物の調べをしているのに、どうして道路のことまで調べるんだろう」と、不思議に思われるかもしれませんね。

　じつはこの道路が、とても重要な意味をもつのです。

　建築基準法第43条は、次のように定めています。

> 建築物の敷地は
> **道路に2m以上**
> 接しなければなりません

　これを「**接道義務**」といいます。不動産に関わる人なら誰でも知っている重要なことです。よく頭に入れておいてください。

　また、ここでいう「**道路**」とは、同じ建築基準法の第42条第1項1〜5号、および第42条第2項で指定されているものに限られます。

また、**建築基準法第 42 条第 1 項**は次のことを定めています。

原則として道路の
幅員は4m以上必要です
※場所によっては6m以上

さらに、**建築基準法第 42 条第 2 項**で、次のことが定められています。

幅員4m未満の道では
道路の中心線から2m後退
させた線を、道路と敷地の
境界線とみなします

これらの要件に当てはまらない道は、公道、私道に関わらず、建築基準法上の「道路」とは認められません。

つまり、幅員4m以上の道路に
2m以上接している土地でないと
建物が建てられない
可能性があります

物件の前面道路の扱いの調査は、このことを確認するために大事なことなのです。

🏠 セットバックが必要なケース

もしも、道路の幅員が4m未満の場合は、原則として道路の幅員は4m以上必要なわけですから、「この敷地には建物は建てられないのか」と心配になることでしょう。

でも、大丈夫。こうしたケースのほとんどは、先ほど出てきた建築基準法第42条第2項の道路に指定されます。

これを「**2項道路（みなし道路）**」などといいます。

つまり、道路の中心線を決めて、そこから2mを道路の幅として、不足する分は敷地を後退させるのです。

このとき、**道路の幅の不足分として後退させた敷地部分を、セットバック**といいます。

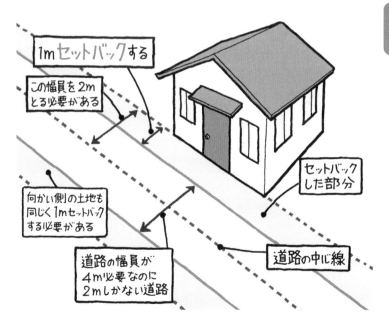

位置指定道路だったケース

前面道路が「**位置指定道路**です」といわれることもあります。これは、第42条第1項5号に指定されている道路です。

位置指定道路とは
土地の所有者がつくった
幅員4m以上の私道で、
申請により特定行政庁が
その位置を指定したものです

このように、位置指定道路は日常的に人が通行する分には道路の所有者の承諾は必要ありませんが、車両の通行や駐停車などで利用する場合は、**所有者から利用の制限をされる**ことがあります。

また、上下水道管を引き込むために道路を掘削しなければならない場合も、所有者の許可を得なければならないなど、何かと面倒が多いものです。

このような道路については、「道路（位置）指定申請図」という書類が役所に保管されていますので、所定の申請書で申し込み、書類をコピー（有料）しておきましょう。

前面道路の扱いを確認する

接道義務など、法律上の要件を満たしていないために、新たに建物を建てたり、建て替えたりすることができない物件のことを、「**再建築不可物件**」などと呼ぶことがあります。

ただ、前面道路が建築基準法の道路でなかったとしても、あ

きらめてはいけません。どうしたら建物が建てられるようになるか、担当者にしつこく食い下がって質問しましょう。

　また、**前面道路が公道でない場合は、所有者を確認する**必要があります。

　さらに、道路と敷地の境界が決められていないこともあります。後々、買主の権利に関わる問題となる可能性もあるので、道路査定がされているかも担当者に確認しましょう。道路査定とは、民有地と官有地（この場合は道路）の境界を立合いで確定することです。

　以上のような調査をふまえて、調べている土地が接する、すべての道路（前面道路）について、調査記録表の〈B：前面道路の扱い〉の欄に、以下のことを確認して記入します。

・「（東西南北）どちら側」の道路は
・建築基準法第42条の「何項、何号」にあたり
・それは「公道か、私道か」
・役所の道路台帳に記載されている認定幅員は「何mか」
・道路と敷地の境界を決める「道路査定はすんでいるか」

03

近隣の建築計画や
地質、土壌などを調べる

🏠 近くで建物の建築予定はないか

　建築課では、前面道路の扱いのほかにもう1つ、調査記録表〈C：近隣の建築計画〉についても調べます。

　担当者に、「この近くで、建物の工事計画はありますか」とたずねてみましょう。

　「ある」場合には、所定の申請用紙で申し込み、建築確認申請が出されている場所の地図を見せてもらいます。もしも、申請が出されているのがビルやマンションなどの中高層建物だったら、その「**建築計画概要書**」の写しを入手しておきます。その建築によって、調べている物件の日照や、テレビの受信状態などの住環境が変化する可能性があるからです。

物件の南側に建物が建つと日照が悪くなることがあります

🏠 地質はどうなっているか

　同じ建築課でも、調査記録表〈D：近隣の地質調査〉の情報は、主に構造係で取り扱っています。

ここには、さまざまな場所のボーリング調査のデータ（**ボーリングデータ**）が保管されています。

　ボーリングデータは、さまざまな土質とその深度、地盤の固さ（N値という）などを調べたもので、建物の基盤となる杭をどこまで打つかなど、建築計画には不可欠なデータです。

　調べている物件に最も近い場所で、1～3ヵ所を選んでボーリングデータを調べます。ただし、役所によってはデータのコピーができないところもあるので、その場合は深度、地質、N値を書き写しておきましょう。

🏠 土壌汚染はないか

　調査記録表〈E：土壌汚染〉の調査は、環境課、環境保全課で行います。「土壌汚染の有無を知りたいのですが」とたずねましょう。

　土壌汚染が認められた場所は、**土壌汚染対策法の指定区域**となり、役所はそれを指定区域の台帳に記載し、閲覧できるようにしています。

　調べている物件または隣接地がそれに該当する場合は、土地改良に費用がかかるので、買主へ報告する必要があります。

🏠 遺跡が発掘されていないか

　調査記録表〈F：埋蔵文化財包蔵地〉とは、遺跡などの埋蔵文化財が見つかった場所のことです。

　この場所に建物を建てるときは、文化財保護法の適用を受け、届出が必要となります。

埋蔵文化財の場所は**遺跡地図**に記載され、各地の教育委員会の文化財を扱う部署や、役所の担当窓口などで閲覧、入手できます。

🏠 以前に水害はなかったか

　調査記録表〈G：水害履歴〉の調査は、自治体によって調べられる部署が異なりますので、まずは総合案内所などで確認しましょう。

　東京都の場合は、東京都建設局のホームページ上に「過去の水害記録（浸水実績図）」として情報が公開されています。

　洪水ハザードマップ（浸水予想図）が作成されていたら、入手しておきましょう。

🏠 該当する場合に取得が必要な書類

　物件が、土地区画整理事業や風致地区にあたる場合、あるいは物件が所在する自治体が「みどりの条例」を定めている場合などは、それぞれ取得が必要な書類があります。

インターネットで調査できる情報

　いまはインターネットを使って調べられる情報も増えています。調査の効率を高めるため、積極的に活用しましょう。

●相続税路線価

　国税庁の「財産評価基準書」のサイトにアクセスすると、路線価図が掲載されています。

●公示価格

　国土交通省が提供する「土地総合情報システム」のサイトにアクセスすると、地価公示（標準地の価格）と都道府県地価調査（基準値の価格）が閲覧できます。

●犯罪情報マップ

　東京都の場合、警視庁のホームページに「犯罪情報マップ」「交通事故発生マップ」が掲載されており、防犯情報、交通事故防止情報として役立てることができます。

●水害ハザードマップ

　国土交通省は 2020 年 7 月、不動産取引時の「水害ハザードマップ」の説明の義務化に関する、宅建業法施行規則の一部改正を公布し、同年 8 月に施行されました。これにより、重要事項説明の項目に「水防法」に基づいて作成された水害ハザードマップにおける契約物件の所在地を追加することになりました。水害ハザードマップとは、①洪水ハザードマップ、②雨水出水（内水ハザードマップ）、③高潮ハザードマップの総称です。これらは市町村のホームページなどで閲覧可能ですが、時々更新されるため最新版が出ていないか確認するようにしましょう。

第4章　役所での物件調査

105

電気、ガス、上下水道など ライフラインを調べる

🏠 電気、ガスを調べる

物件調査も、あと少しです！

残るは、電気、ガス、上下水道など、生活に必要なライフラインに関する調査です。

このうち、**電気**については、すでに行った売主へのヒアリングと現地調査で、電気が通じていることが確認できていれば、この段階でとくに調べておくことはありません。

ガスには
都市ガスと**プロパンガス**
があります

都市ガスの場合は、該当する都市ガス会社に、調べている物件の敷設状況の調査を依頼します。電話で問い合わせ、必要な手続きをしてください。東京ガスや大阪ガスなどの大手事業者なら、インターネットでガス管の敷設状況を確認できます。

物件調査に出かける前に、都市ガス会社へ物件の住宅地図と調査依頼書をファクスで送っておけば、調査を終えて帰社した頃には結果が届いているでしょう。

一方、**プロパンガス**の場合は、売主に管理会社を聞いて、使

用に関することなどを電話で問い合わせします。

🏠 上水道管を調べる

水道局は、それぞれの地区を担当する事業所で、**上水道管の敷設状況**を調べられます。調べている物件を所轄する水道局事務所を訪問しましょう。

ただし、宅地内の配管は所有者（この場合は売主）の委任状がないと資料の閲覧ができません。そのため、この段階で確認することは、①**上水道管が越境していないか**、②**前面道路内の配管状況はどうなっているか**、の2点です。

水道の管理図面を閲覧して、コピーをとってもらうか、下記の事項を確認してメモしましょう。

- 物件の前面側に本管が敷設されているか
- 敷設されている管の口径はどのくらいか
- 物件の前面側の本管から敷地内へ水道管が引き込まれているか
- 隣地の配管が敷地内を通っていないか

🏠 下水道管を調べる

下水道管については、**下水道台帳**をインターネットで閲覧できるところが多くなっています。そうでない場合は、役所の下水道課で閲覧します。

チェックすることは、上水道と同様に、前面道路内の配管状況と、管の口径です。越境の有無や、管の引き込み状況については、売主へのヒアリングと現地調査で確認できています。

マンション物件を
調べるときの注意点

🏠 外壁や管理の状態を現地で調査

調べる物件がマンションの場合は、次のことを現地で調査します。

- 四方から見て、外壁のタイルがはがれていないか、クラックが入っていないかを目視で確認する
- 敷地内はきれいに清掃されているか、植栽の手入れは行き届いているか、ゴミ置場は整理されていてニオイはないか、などの管理状態を確認する
- エントランスやエレベーター、裏口などに防犯カメラが設置されているか

🏠 管理会社へ問い合わせる

また、**マンション管理会社への調査**も必要です。

マンション管理会社とは、マンションの区分所有者で構成する管理組合の委託を受けて、管理組合に関する事務や、建物と設備の点検・検査、清掃などの業務を行っている管理業者です。

マンション管理会社がどこであるかは、売主へのヒアリングや現地調査でわかります。右ページの図の事項について、電話で問い合わせましょう。「重要事項に関わる調査依頼です」と説明すると、対応もスムーズです。

管理会社で確認すること

☐管理費、修繕積立金（しゅうぜんつみたてきん）の内容

- -

☐駐車場、駐輪場の有無と、費用負担

- -

☐管理規約の有無

- -

☐ペットを飼うことの可否

- -

☐事務所使用の可否

- -

☐過去の修繕履歴　　☐長期修繕計画　など

🏠 予定外の修繕負担金に注意！

　とくに、築年数（ちくねんすう）が古いマンションでは、近々、**大規模修繕工事**が予定されていて、区分所有者に費用負担が発生するケースもあるので注意が必要です。

　マンションの修繕費の負担は、1世帯あたり数十万〜数百万円にもなるため、もしも買主が購入後にはじめてそのことを知ったとなれば、トラブルのもとになります。

　修繕の有無、修繕の時期、負担金の額などをマンション管理会社に必ず確認して、買主に報告しましょう。

　また、購入後にリフォームをするお客様も増えているので、管理組合が定める使用細則などを確認して、フローリングに関する規定などがないかもチェックしておきましょう。

そのほかに役所で確認・入手するもの

擁壁は「築造計画概要書」が役所へ提出されていることがあるので、あれば内容を確認します。

官民境界（公道や水路などと民有地との境界）の確定図や、道路位置指定図の入手も必要に応じて行いましょう。

土地区画整理事業の図面や風致地区の概要図、道路台帳などは、自治体によってはインターネットを通じて提供しているところもあります。

また、「みどりの条例」など、都市計画に関わる独自の取り決めを設けている自治体もあるので、その場合は関連資料を入手します。

自治体が発行する「くらしの便利帳」も役所で入手しておくと、買主に便利な情報として喜ばれます。

物件調査は
これで終わり。
次はセールスです！

販売活動
をする

01

売主が納得できる
価格査定をする

🏠 よく使われる価格査定の方法は2つ

　土地・建物の売買を仲介する不動産会社は、物件を買いたいお客様（買主）には購入のサポートを行い、物件を売りたいお客様（売主）には売却のサポートをします。

売主へのサポートで
重要になるのが
物件の価格設定です

　多くの場合、売主が「売りたい」と思う価格と、買主が「買いたい」と思う価格との間には、開きがあるものです。

　そこで、相場などを考え合わせて、買主が買いやすく、かつ売主も納得のいく、バランスのよい売出価格をつけることが、売買を成立させるための大きなポイントとなります。

　売出価格を決める過程を、**価格査定**といい、主に**取引事例比較法**と**収益還元法**の2つの方法があります。

　取引事例比較法は、ファミリータイプのマンション、土地、戸建てなどの、個人が居住用として購入する不動産の価格査定に適しています。

　一方、収益還元法は、ワンルームマンション、アパート、ビ

取引事例 比較法	査定対象の物件と **同様の取引事例**を選び、 条件を比較して価格を決める方法
収益還元法	査定対象の物件が **将来生み出す収益性**に着目して、 価格を決める方法

ルなどの、収益が得られる不動産投資用として購入するときの価格査定に向いています。ここでは、取引事例比較法の考え方を知っておけばいいでしょう。

ただし、価格はこれだけで決まるわけではありません。

ほかにも、

・売主は、なぜ売却したいのか

・売主は、ほかの不動産会社にも依頼しているか

・売主は、売却を急いでいるか

といったことを考え合わせて決めなくてはなりません。

🏠 データを示して査定額を納得してもらう

価格査定をするときに、もう1つ大事なことがあります。

不動産会社は、物件の売主に
媒介契約を結んでもらえる
ように努めることです

媒介契約とは、不動産会社が物件の売主と買主の間に入って、売買取引を仲介し、その手数料をもらうための契約です。

　売主が、あなたの会社と「媒介契約を結ぼう」と思ってもらうには、**物件の査定額（つまり売出価格）が大きなポイントに**なります。査定額は、高すぎても、低すぎてもいけません。

　例えば、はじめに高い査定額を出したのに、物件が売れないからといって価格を下げたのでは、売主にとって気分のいいものではありません。

　それどころか、「媒介契約をとるために、はじめに高い値を提示したのではないか」と疑われかねません。

　そうかといって、査定額が低すぎると、売主から「ほかに高い価格を出してくれた会社があるから、そっちにまかせるよ」といわれてしまうおそれがあります。

　大切なのは、売主に査定額を納得してもらうことです。

　最近では、個人の売主の方も勉強していて、事前にインターネットでできる価格査定などを利用して、希望の売出価格を想定していることもあります（ただ、計算が大ざっぱなので、割高な査定額になるケースが多いようです）。

　こうした売主には、客観的な各種のデータを示しながら、「こういう条件のもとで、このような計算をした結果、この価格になりました」というように、わかりやすく、ていねいな説明をすることが大切です。

🏠 諸費用がかかることを売主に伝える

　売主に査定額を提示するときは、物件を売るときに売主が負担をする**諸費用**についても説明が必要です。

売主が負担する主な諸費用の例

□不動産仲介手数料

□住所変更登記の費用

□抵当権などの抹消登記の費用

□譲渡所得に対する所得税、住民税

□境界の明示にかかる費用

□土地の測量費用

□古家の解体費用

□印紙代　など

　売出価格はいくらになり、売主負担の諸費用はいくらになり、売主の手元には実際にいくら残るのかを説明します。

　これを忘れると、あとでトラブルのもとになることがあるので注意しましょう。

02

販売活動の前に
売主と媒介契約を結ぶ

🏠 媒介契約には3つの種類がある

物件の査定額が決まり、売主から「じゃあ、よろしく頼みます」といわれたら、早速結んでおくのが、**媒介契約**です。

媒介契約を正式に結ぶのは、売主に売却する意思を固めてもらう意味もあります。

媒介契約には、**専属専任媒介契約、専任媒介契約、一般媒介契約**の3種類があります。

専属専任 媒介契約	・1社だけの不動産会社に仲介を依頼する ・売主自身が買主を見つけてきても売ってはいけない
専任 媒介契約	・1社だけの不動産会社に仲介を依頼する ・売主自身が買主を見つけたら、売主が直接、買主に売っていい
一般 媒介契約	・複数の不動産会社に仲介を依頼できる

専属専任と専任の大きな違いは、売主自身が買主を見つけたら、媒介契約した不動産会社を通さずに、売主が直接、買主に売っていい点です。

ただ実際には、自分で重要事項説明を行ったり、売買契約書をつくれる売主はいないので、媒介契約は専任か一般のどちら

かを結べばいいでしょう。

　なお、専任も一般も、契約の**有効期限は最長３ヵ月**です。

🏠 専任をとるにはどうしたらいい？

　要するに専任とは、売主があなたの会社にだけ仲介を依頼する契約です。自社だけが取り扱えるのですから、当然、仲介手数料を得られる可能性が高くなります。

　そのため、どの不動産会社も売主から専任をとりたがるものです。

　専任の媒介契約をしてもらうには、自社の過去１年間の成約事例や、自社と専任を結ぶメリットを、物件が売れやすいか、売れにくいか、販売期間はどれだけかかるかといった予想もまじえて具体的な根拠をあげて売主に説明します。

媒介契約をすすめる際に使えるデータ

□物件の売却難易度（物件の条件、相場などから判断）

□需給バランス（物件の条件に対する購買層の広さ）

□過去１年間の成約事例

□販売中の近隣の物件資料

□売却中の物件が、なぜ売れたかの分析

□購入者のモデル像

□販売期間の予測　など

これらのデータの入手先としては、不動産情報を提供する㈱東京カンテイのサービスを利用するほか、レインズ（P.121 参照）や、不動産情報サイト（P.121 参照）などからも入手できるものがあります。

専任の場合の不動産会社の義務

専任の媒介契約をとった不動産会社には、次の2つの義務があります。

レインズ への登録義務 （P.121 参照）	レインズ（不動産会社間の情報ネットワーク）へ物件を登録する 〈専属専任の場合〉 　契約から5日以内 〈専任の場合〉 　契約から7日以内
業務処理の 報告義務	物件の販売活動の経過、状況を、文書で売主に報告する 〈専属専任の場合〉 　1週間に1度以上 〈専任の場合〉 　2週間に1度以上

売主に販売活動の状況を報告するときは、右ページのような形式の文書を提出すればいいでしょう。

販売活動状況の報告書の例

販売活動状況 20XX 年○月○日 〜 20XX 年○月○日	折込チラシ配布	○○○新聞　○部 △△△新聞　○部
	他社からの 物件確認	○件
	一般の不動産 ポータルサイト	A 社サイト　閲覧数○回 B 社サイト　閲覧数○回 C 社サイト　閲覧数○回
	その他	
折衝状況 （上記期間）	お問い合わせ件数	○件
	内覧件数	初回内覧　○件 再内覧　○件
連絡事項	○○○○○○○○○○○○○○○○○○○	

03

不動産情報サイトと
レインズを活用する

🏠 販売活動プランを売主に説明する

売主と媒介契約を結んだら、販売活動をはじめます。
不動産の販売活動には、主に次のものがあります。

レインズに情報を登録

不動産情報サイトに情報を掲載

自社ホームページに情報を掲載

新聞折込みなどで**広告チラシ**を配布

売出し（現地販売会、内覧会）を実施

ここで大切なのは、販売活動の具体的なプランを立てたら、**あらかじめ売主に説明しておくこと**です。

売主としては、できるだけ広く宣伝してほしいと思うものですが、不動産会社が販売にかけられる経費は限られています。どんな販売活動をすることで、どんな効果が期待できるのかを売主に説明し、納得してもらい、その活動状況は P.119 の報告書などで定期的に報告していきます。

🏠 不動産情報サイトに掲載する

販売活動で、いまや欠かせない広告メディアが、インターネットの**不動産情報サイト**です。

土地・建物を探している一般のお客様が、買いたい物件はないかを調べたり、価格の相場を知るために利用しています。

中でも情報量が多く、知名度の高い情報サイトとしては、SUUMO（スーモ）、アットホーム、LIFULL HOME'S（ライフルホームズ）などが代表的です。このほかにも、情報の見やすさや使いやすさ、利用できるサービスなどで特徴をもった情報サイトがいろいろあります。

また、自社のホームページで物件情報を掲載している不動産会社もあります。物件情報をより詳しく紹介できますし、情報の扱い方をコントロールできる利点があります。

🏠 専任はレインズへの登録が義務づけ

物件情報の掲載先として、もう1つ重要なのが、P.118でふれた**レインズ**（不動産流通標準情報システム）です。

レインズは、国土交通大臣の指定を受けた4つの不動産流通機構が運営し、会員になった不動産会社が、日本中の不動産物件の情報を共有するネットワークシステムです。

一般の人が使える不動産情報サイトとは違い、レインズは会員会社だけが使えるものなので、物件を登録すると、購入を前提とした具体的な問い合わせがきます。

レインズへの情報登録は、**専任媒介契約なら契約後7日以内に行うことが義務づけ**られています。

物件を
売却依頼

不動産会社A

物件情報を登録

レインズ
不動産流通標準情報システム

↑ 物件情報 ↑ を検索 ↑

不動産会社B　　**不動産会社C**　　**不動産会社D**

↑ 物件の ↑ 購入相談 ↑

売主

買主　　　　**買主**　　　　**買主**

規則に注意して 売れるチラシをつくる

🏠 広告チラシで大きな差がつく！

物件の図面や概要、場所の地図などを記載した書類を、**販売図面**といいます。この図面に、写真やキャッチコピーなどを加えて、新聞の折込広告や、ポスティング用の**不動産広告チラシ**をつくります。

チラシは、販売活動のカギを握る重要なツールです。あなたが物件を探している買い手だったら、何度もコピーを繰り返して不鮮明になった図面がのっているチラシでは興味がわきませんよね。

ダメなチラシです

□古い**間取り図面**を使っている

□**写真**がのっていない

□**現地案内図**がない

□**セールスポイント**がわからない

次ページの例のように、図面だけでなく写真ものせて、セールスポイントがはっきりと伝わるキャッチコピーをそえ、高級感のある見せ方、デザインを工夫しましょう。見た人が「物件を見たい」と思えるチラシをつくることが肝心です。

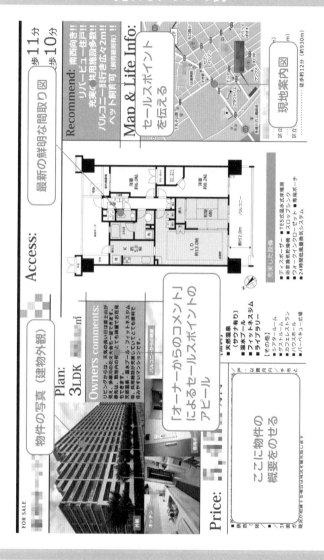

物件の写真（建物外観）

最新の鮮明な間取り図

Access:

歩11分
歩10分

Recommend: 南両向き!!
リバービュー一住戸!!
充実の共用施設多数!!
バルコニー幅行き広々2m!!
ペット飼育可（飼育細則有）!!

Map & Life Info:

セールスポイント
を伝える

現地案内図

Plan:
3LDK
㎡

Owners comments:
リビングからは、天気の良い日には富士山が見え、多摩川の花火大会も一望できます。春先は、設置内の桜、とても綺麗でお花見、ちで楽しみます。共用フール、フィットネスジム、天然温泉、ハウス管理が充実していてとても便利で、住みやすいマンションです。

［オーナーからのコメント］
によるセールスポイントの
アピール

充実した設備
■ディスポーザー ■TES式温水式床暖房
■浴室換気乾燥機 ■スロップシンク ■専用ポーチ
■ウォークインクローゼット
■24時間低床温熱換気システム

■天然温泉（サウナ有り）
■温水プール
■フィットネスジム
■ライブラリー
［その他］
■シアタールーム
■スカイラウンジ
■カフェレストラン
■ハウスホール
■バーベキュー広場

Price: 5,4

ここに物件の
概要をのせる

🏠 不動産の広告には規制がある

　宅建業法には、**誇大広告**、**虚偽広告**についての定めがあります。物件の規模（面積、間取りなど）や形質（地目、構造、築年数など）、都市計画法などによる利用の制限、住環境、交通の利便、代金の額や支払方法などで、ウソの表示をしてはいけません。

　また、不動産業界が自主的にルールを定め、公正取引委員会の認定を受けた「**不動産の表示に関する公正競争規約**」があります。物件の内容や取引条件を表示するときに注意が必要なことや、文字の大きさなどが具体的に決められているので、インターネットで調べて、一度目を通しておきましょう。規約に違反した場合は、罰則が科せられることもあるので十分注意が必要です。

現地販売会、内覧会、売出しをする

🏠 お客様に物件を見てもらう

近隣の住民で近くを通った方や、広告チラシなどを見ていない方にも、販売中の物件であることを知ってもらう目的で行う販売活動を、**売出し**、または**現地販売会**、**内覧会**といいます。

売主がまだ住んでいると、内覧会はできません、**現空**、つまりいま空き家になっている物件で行います。

また、高額物件は売主の希望で、内覧会は予約制になることが多いようです。

🏠 物件周辺にスタッフを配置する

売出しでは、物件の周辺に看板や広告チラシをもったスタッフを配置して、宣伝します。

許可なく看板を立てたり、電柱にチラシを貼ったりするのは**違法行為**です。

現地案内は、担当者がお客様と一緒に物件を見て、案内しながら説明しますが、じっくりと詳しい説明ができるように、テーブルとイスを設置しておきます。

アンケート用紙、販売図面、広告チラシ、登記簿謄本、公図など、説明に必要な書類も忘れずに準備します。

購入資金の話が出るかもしれないので、ローン電卓も忘れずに用意しましょう。

現地販売会を行う手順

①物件周辺にスタッフを配置

②テーブル、イスを設置

③お客様に物件を案内しながら説明

用意しておく書類

アンケート用紙、販売図面、広告チラシ、登記簿謄本、公図、物件状況等報告書、付帯設備表、近辺の他物件のチラシ、ローン電卓　　など

④書類を見せて詳しく説明

🏠 お客様を見かけで判断してはダメ！

　内覧会や現地販売会には、じつにいろいろなお客様がやって来ます。その中で、本当に買ってもらえるお客様を見きわめるのは大変むずかしいものです。

　とくにベテランの担当者でもよくありがちなミスが、**見かけで判断してしまうこと**です。

　これは実際にあった話ですが、ある内覧会に２人のお客様が来ました。１人は古いタイプの小型車に乗り、もう１人はピカピカの高級外車に乗っていました。

　その場にいた担当者は全員、競うようにして高級外車に乗ったお客様に駆け寄り、名刺を渡しました。ところが、実際に物

件を購入したのは、古いタイプのクルマで来たお客様のほうだったのです。

この人は、平均的な年収のサラリーマンながら、コツコツと自己資金を貯めていて、住宅ローンの審査も問題なく通りました。

ところが、高級外車のお客様は自営業者で、出ていくお金のほとんどを税金対策のために経費でまかなっていたので、自身の年収は極端に低く、そのため、住宅ローンの審査が通らず、物件を買えないお客様だったのです。

また、お客様の中には、わざと買いそうもない客に見せかけて、こちらの出方をうかがうような、手ごわい人もいます。

あるとき、億ションの内覧会の申込みがありました。担当者が会ってみると、お客様は買い物かごをさげた普通の主婦。とても豪邸を買えるようには見えませんでした。

それでも、担当者はていねいに対応しました。

すると、お客様は物件を気に入り、その翌日には契約の運びとなったのです。

あとで話を聞くと、そのお客様は、よそではまったく相手にされなかったのに、身なりで判断しなかった担当者を「この人なら信頼できる」と思い、契約したのだそうです。

お客様を見かけで判断してはいけないという、いい例ですね。

広告チラシの「参考プラン」に注意！

　先に土地を買って、あとで新築する場合は、土地の広告チラシに書かれていることに注意が必要です。

　「建築条件付き土地」となっている場合は、指定のハウスメーカーなどで家を建てることを条件として売買されている土地です。もしも建築工事の請負契約が成立しないと、売買契約は白紙になります。

　土地の広告チラシには、家を建てる際の「参考プラン」というのが掲載されていますが、建築条件付き土地ではない物件に書かれている参考プランの中には、土地を買ってから建築業者にプランを見てもらうと、「このような3階建ては法規制があるためできない」とか「プランにあるような2台分の駐車スペースはとれない」など、実際には実現できないケースも見受けられます。

つづいては、
買主のお客様の
購入予算を検討
しましょう

購入予算
を計算する

01

お客様とお金の話を
きちんとしておこう！

🏠 はじめの資金計画が大切

あなたの目の前に、「不動産の購入を考えている」というお客様、Aさんがあらわれました。

さあ、チャンス到来！　あなたは胸の高鳴りを抑えつつ、早速、名刺を渡して、挨拶をします。

そして、「早速ですが」とAさんへ向き直り、

「ご予算は、どのくらいでお考えでしょうか？」

そう、たずねることでしょう。

一般的な不動産会社の、多くの担当者は、はじめて会ったお客様に対して、まず不動産の購入資金はいくら用意できるのかを聞き出そうとします。

土地や家屋、マンションなどの高い買い物は、キャッシュで一括払いできる人はごくわずかです。ほとんどの人は銀行などの金融機関からお金を借りて（融資を受けて）、何十年にもわたる住宅ローンを組んで購入します。

ですから、**購入予算の設定**と**借入金の返済計画**、つまり「**資金計画**」は慎重に行わなくてはなりません。これを大ざっぱなままで進めてしまうと、お客様もあなたも、あとあと後悔することになりかねません。

物件を決める前に、お客様とお金の話をきちんとしておくことが大切です。

🏠 一般的な購入予算の計算方法

さて、一般的な不動産会社では、お客様の「予算」は次の手順で計算します。

一般的なお客様の予算の算出手順

❶ 税込みの**年収額**をたずねる
↓
❷ それを**8倍**にした金額を出す（金融機関により8〜10倍）
↓
❸ 用意できる**頭金**の額をたずねて、❷の金額に加える

計算式にすると、次のようになります。

$$\left(\begin{array}{c} \text{お客様の} \\ \text{税込みの年収額} \end{array} \times 8\text{(倍)} \right) + \text{用意できる頭金の額}$$

$$= \text{全体の購入予算額（お客様の予算）}$$

では実際に、お客様Aさんのケースで計算してみましょう。

①税込みの年収額をたずねる

→ Aさんは「680万円」と答えました。

②それを8倍にした金額を出す

→ 680万円× 8 = 5,440万円

ただし「8倍」のところは、金融機関によっては8〜10倍のところもあります。

この「5,440万円」は、Aさんが35年返済の場合に**金融機関から融資を受けられる最高額**です。つまり、年収の8倍程度に

相当する金額までなら、金融機関はお金を貸してくれます。

③用意できる頭金(あたまきん)の額をたずねて、②の金額に加える

　→　Ａさんは「頭金は1,200万円」と答えました。

　頭金とは、すなわち自己資金のこと。よそからお金を借りずに、お客様が自分で用意できる購入資金の額です。

　これを②の金額に加えると、

　→　5,440万円（借入金）＋1,200万円（頭金＝自己資金）

　　　　＝6,640万円

　計算により、Ａさんが物件を購入できる最高額は、6,640万円となりました。通常はこの金額が、Ａさんにとっての購入予算の総額になります。

🏠 資金計画の話、たった5分で大丈夫？

　さて、こんな感じで予算の大枠がつかめたら、次に担当者は「ところで、どのあたりでお探しですか？」と、物件の希望条件を聞き出しにかかります。

　資金計画の話は、たった5分でおしまいです。

　でも、本当にこれでいいのでしょうか？

この計算式はおおざっぱで
正しい購入予算を
出せていません！

なぜなら、お客様は1人ひとり違うからです。例えば、**家族構成や毎月の生活費**（出て行くお金の額）が違います。給料などの**収入が将来どう変わるか**も、人それぞれ違います。こうしたことを、この計算式ではまったく無視しているのです。

　例えば、年収が同じ500万円の人でも、年齢が30代前半か40代前半かでは、考え方が変わってきます。

　とくに子どもの教育費は、住宅ローンを組んだときの年齢と、教育費の支出がピークを迎える時期との関係をよく考える必要があります。

　また、同じ4人家族でも、月々30万円の生活費がかかる家庭と、20万円ですむ家庭があります。こうしたお客様ごとに異なる事情が、資金計画に大きく関わってくるのです。

🏠 「あと一歩」で契約を取り逃がす第一の理由

　それに、この計算で出した購入予算は、お客様が借入金と頭金を合わせて「最高で（最大で）」いくらの物件が買えるかという目安にすぎません。仮に、目一杯の予算額で不動産を買ったとしても、その後、借入金をスムーズに返済していけるかどうかはわかりません。むしろ不安のほうが大きいでしょう。

　じつは、**売買契約があと一歩のところでダメになる理由は、ほとんどがお金に関すること**です。

　あなたとお客様が、もう少し時間をかければ、もっと正確な購入予算が計算できて、より詳細な資金計画が立てられます。次のページから順を追って見ていきますので、ぜひ、そのやり方を身につけてください。

02

購入予算の計算 [Step1]

希望返済額から借入額を出す

🏠 大ざっぱな計算だと購入予算が不足しがち

お客様の正確な購入予算は、「税込年収と頭金（自己資金）」だけではつかめません。

○**毎月、いくら**返済できるのか
○**繰上返済**は、いくらできるのか
○ローンの**完済**は、何歳のときか

これらを考え合わせて、金融機関からの借入額を計算し、購入予算の総額を決めていくのが理想的です。

では、前のページから引きつづいて、お客様Aさんの予算を改めて考えてみましょう。Aさんは、「土地購入からはじめる家づくり」を希望しています。予算はあとから「当初の予定よりも建築予算が高くなる」ことが多いので、とくにそのあたりにも注意して購入予算を組み立てていきましょう。

🏠 希望する月々の返済額から借入額を求める

じつはAさんは、いきなり担当者から年収と頭金の額をたずねられ、「それなら、ご予算は○○万円ですね」といわれてビックリしたのです。Aさんが考えていたのは、マイホームを

建てるために金融機関からお金を借りて、これから「**月々いく
らの返済額なら支払えるか**」だったからです。

「いま住んでいる賃貸マンションの月々の家賃が10万円なの
で、月々10万円の返済なら大丈夫。それとボーナス時には年
2回、30万円ずつ返済にあてられる」とＡさんは話しました。

では、Ａさんが希望するこの返済額から、Ａさんが金融機関
から融資を受ける借入額を計算してみましょう。

第
6
章

購入予算を計算する

希望する返済額から借入額を計算する

○1年間の返済額を計算する

$$(\boxed{10万円} \times \boxed{12回}) + (\boxed{30万円} \times \boxed{2回})$$

$$= \boxed{180万円}$$

○これを月々の返済額に直すと…

$$\boxed{180万円} \div \boxed{12ヵ月} = \boxed{15万円}$$

○金融機関の「返済額早見表」（P.138参照）を使って、月々の
返済額から借入額を計算します。
ここでは、元利均等返済（P.165参照）の場合で、**返済期間
35年、適用金利2%**、早見表から100万円あたりの月々の返
済額を**3,313円**として計算します。

月々の返済額　　早見表の返済額　　　　　　　　　　借入金額

$$\boxed{15万円} \div \boxed{3,313円} \times \boxed{100万円} = \boxed{約4,500万円}$$

Ａさんが希望する月々の返済額、ボーナス時の返済額をもと
に割り出した借入額は、約4,500万円となりました。

🏠 本当に「4,500万円」借りられるのか？

　つまりAさんは、35年の住宅ローンを組んだ場合、金融機関から4,500万円までの借入れなら、不安なく返済していけそうなことがわかりました。

　ところが、ここで問題があります。それはAさんが希望すれば、金融機関はいくらでもお金を貸してくれるわけではないことです。

　金融機関はAさんに対して、貸付（融資）できる金額の限度があります。場合によっては金融機関の審査によって、Aさんは融資を断られてしまうことだってあるのです。

　そこで、Aさんが**いくらまでなら金融機関から借入れできるのか**、その金額を次のページで計算してみます。

金利＼期間	20 年	25 年	30 年	35 年
1.0%	4,599 円	3,769 円	3,216 円	2,823 円
2.0%	5,059 円	4,239 円	3,696 円	3,313 円
3.0%	5,546 円	4,742 円	4,216 円	3,849 円
4.0%	6,060 円	5,278 円	4,774 円	4,428 円

返済額早見表

※元利均等返済、毎月払いのケース。
※返済期間20年、25年、30年、35年、金利1%、2%、3%、4%についてのみ掲載した簡易版。

03

購入予算の計算 〔Step2〕

年収から借入可能額を出す

🏠 いくらまでなら貸してもらえるか？

　Aさんが、金融機関からいくらまで借入れができるかを計算してみましょう。Aさんの税込年収は680万円でした。また借入れ時の金融機関の審査基準は次の通りとします。

　　・返済比率：40％
　　・審査金利：4％
　　・返済期間：35年

　返済比率とは、1年間の住宅ローンの支払総額が、税込年収の何パーセントにあたるかをあらわす数字です。また**審査金利**は、金融機関が融資をするかしないかを検討するときに、住宅ローンの年間返済額を試算するために用いる金利です。

　ちなみに、返済比率も審査金利も、金融機関ごとに独自の設定をしているので注意が必要です。

年収から借入可能額を計算する

○月々の返済額を計算する

税込年収　　　　　　返済比率
680万円 × 40% = 272万円

　　　　　　　　　　　　　　月々の返済額
272万円 ÷ 12ヵ月 = 22.7万円

○早見表（P.138 参照）から 100 万円借入時の月々の返済額を金利 4 ％、期間 35 年の 4,428 円として、借入可能額を計算する

月々の返済額		早見表の返済額					借入可能額
22.7万円	÷	4,428円	×	100万円	=		約5,100万円

先に P.137 で計算した A さんが希望する借入額は、約 4,500 万円でした。A さんは約 5,100 万円まで借入れができるのですから、4,500 万円の借入れの審査は OK ということになります。

さて、ここで 1 つ確認しておきたいことがあります。それは、A さんが本当に無理なく返済できるのか、という点です。

年収に対する、返済額の負担の程度を示す数値を**返済負担率**といい、次の計算式で求めます。

1年間の返済額		税込年収		返済負担率
180万円	÷	680万円	=	約26%

この 26 ％という数字を、右の表にあてはめてみてください。25 ％前後は「可能」です。したがって、A さんは自分が希望する返済額なら借入れしても大丈夫ということです。注意したいのは、税込年収に対する

年収に対する借入額の比率の参考例

20%前後	理想的な数値
25%前後	可能
30%前後	無理すればOK
35%前後	かなり無理
40%前後	まったく無理

借入額の比率が 40 ％を超えると、手取りの給料の半分以上を住宅費に回すことになり現実的ではない点です。

購入予算の計算 〔Step3〕
全体の購入予算と諸費用の概算を出す

🏠 自己資金率が高いほど諸費用は安くすむ

次に、Aさんの全体の購入予算を計算します。

Aさんの借入額は4,500万円で、自分で用意できる頭金（自己資金）は1,200万円です。

借入額　　　　　頭金（自己資金）　　　全体の購入予算
4,500万円 ＋ 1,200万円 ＝ 5,700万円

全体の購入予算は5,700万円となりました。

この全体の購入予算の中には、次のものが含まれます。

・土地の代金（土地購入費）
・建物の代金（建築費）
・諸費用

このうち**諸費用**とは、物件の売買を仲介する不動産会社が受け取る仲介手数料や、ローン保証料、登録免許税などのことです。詳しくはP.148で説明します。

不動産を買うときは、この諸費用がけっこうな額になるものです。そこであらかじめ、いくらかかるかを見積もっておく必要があります。

ただし、この時点では概算の額でいいので、自己資金比率によって諸費用の目安を割り出します。自己資金比率は、全体の

購入予算に対する、頭金（自己資金）の割合です。

頭金（自己資金）		全体の購入予算		自己資金比率
1,200万円	÷	5,700万円	=	約21%

Aさんの自己資金比率は21％と出ました。

では、下の表を見てください。これは自己資金比率ごとの概算の諸費用の割合の目安の一覧です。自己資金比率が高いほど、概算の諸費用の割合は低くなります。

なぜなら、金融機関から借入れするときの保証料または融資手数料が、借入額が少ないほど安くなるからです。

自己資金比率	概算の諸費用の割合
0%	9%
20%	8%
50%以上	7%

この表で、Aさんがあてはまる自己資金比率は「20％」ですから、概算の諸費用の割合の目安は「8％」になります。

約8％の諸費用分が、全体の購入予算に含まれているわけです。

購入予算の計算 [Step4]
建物代金を出す

🏠 建物代金の確保を優先する

　Aさんの土地と建物を合わせた購入予算は5,700万円でした。今度は土地代と建物代に分けて、それぞれの予算を出します。

　そもそも、マイホームを建てるために土地を購入するわけですから、予算の確保は**建物の建築費のほうを優先**します。先にこちらを計算しましょう。

　このときによくありがちなミスは、建築費の予算を低く見積もりすぎてしまい、高い土地を買ったあとで建築費が足りなくなるパターンです。そうなると、希望通りの家が建てられなくなるかもしれません。

　実際に、土地やマンションを購入したお客様が、その後に工務店やリフォーム会社へ相談に行くと、「その予算では、ご希望の建築はできません」といわれることがあります。建売物件なら、土地と建物がセットで売られているので心配ありませんが、土地を購入して家づくりをするお客様なら、あらかじめ**建物代金と土地代金の予算は分けて考える**べきなのです。

🏠 建物本体のほかにもコストがかかる

　お客様のほうで、マイホームの建築を依頼する会社をすでに決めているときは、その会社に**概算見積もり**を出してもらうといいでしょう。

概算見積もりは建物本体の工事費だけでなく、電気・ガス・水道の引込工事などの別途工事費や、追加工事のための予備費、設計費などを含めた**総費用**で出してもらいましょう。総費用は通常、建物本体の工事費の約1.3倍になります。

坪単価は建築会社によって異なる

　建物代金の予算は、お客様が希望する**家の広さ（床面積）**と、建築会社が設定する**坪単価**から計算できます。

　このうち坪単価は、ハウスメーカー、建築家、工務店のうち、どこに依頼するかで大きな差が出てきます。

　総費用を坪単価で見てみると次の通りです。

　一番安くできるのは、地元の工務店。設計を建築家（設計会社）にお願いして、そこを通せば1割増し。ハウスメーカーは長期保証やブランド料などが上乗せされるため、さらに割高になります。だいたい工務店の2割増しです。

🏠 希望の床面積を聞き、建物代金を出す

次に、お客様に「家の広さは、どれくらいをご希望ですか」と聞いてみましょう。

基本的に、いま住んでいる家の広さを基準にして、最低でもどれくらいの広さにしたいかを考えてもらいます。

Aさんの場合、いまの賃貸マンションの床面積は50㎡。Aさんは昨年、次男が生まれて家族が増えたので、「今度つくる新しい家は、最低でも70㎡はほしい」といいます。

1 ㎡は0.3025坪ですから、70㎡を坪数に換算すると、約21.18坪になります。

では、建築家を通して家を建てる場合で、建物代金を計算してみましょう。

第6章 購入予算を計算する

希望床面積　　　　　坪単価　　　　　　建物代金

| 21.18坪 | × | 100万円 | = | 約2,100万円 |

🏠 希望するグレードで予算を立て直してみよう

この建物代金2,100万円は、あくまでも希望床面積と、およその坪単価から単純に計算したものです。

お客様の中には、この予算では希望する家、満足のいく家が建てられない、という話になることもあります。

じつは、新築で家を建てる場合、**お客様の満足度は、①家の広さと、②グレード（デザインや仕様の品質・性能、上級感）で、だいたいの善し悪しが決まってしまいます。**

そのため、ひとまず前述の計算方法で出した建物代金をベースにして、お客様が希望するグレードによって坪単価を割増して、もう一度計算し直してみることも必要かもしれません。

　ただ、家の広さやグレードにあまりこだわりすぎると、建築代金が高くなって、土地の購入費に低い予算しかつけられなくなり、結局あきらめてしまうお客様もいます。

　そんなとき、担当者はつい「建売り」を紹介して、「こちらで決めてはいかがですか」といいたくなるものです。

　建売りを買ってもらえれば、建売業者からの手数料収入も入りますからね。

　でも、お客様のことを最優先に考えると、やはり建売りよりも、土地を買って家づくりしたほうが満足度はずっと高くなります。

　お客様に満足していただければ、それは担当者への評価につながり、将来のビジネスチャンスにもつながるのです。

購入予算の計算 (Step5)

土地代金を出す

🏠 建物代金の残りが土地代金…ではない！

建物代金が出たら、次は**土地の代金**です。

先ほど、土地と建物を合わせた購入予算を 5,700 万円としたので、そこから建物代金 1,900 万円を差し引いて算出します。

土地・建物合計の
購入予算　　建物代金

$$5{,}700万円 - 2{,}100万円 = 3{,}600万円$$

ところが、この 3,600 万円は、まるまる土地代金にあてられるわけではありません。この中には、P.141 でふれた通り、土地を買うときにかかる**さまざまな諸費用**が含まれます。

P.142 で、A さんが負担する「概算の諸費用の割合」は 8%でした。3,600 万円の 8%は、約 300 万円で、この金額が土地の取得に関わる諸費用の概算額となります。

土地代金＋諸費用　諸費用の概算額　　土地代金

$$3{,}600万円 - 300万円 = 3{,}300万円$$

上の計算により、土地代金は 3,300 万円となりました。

では、実際にそうなるのか、次のページから計算していきましょう。

購入予算の計算 〔 Step6 〕

諸費用を出す

🏠 各種手数料や税金が諸費用としてかかる

土地の取得に関わる**諸費用**には、次のようなものがあります。

不動産を買うときにかかる主な諸費用		
① **住宅ローン事務手数料**		住宅ローンを組む金融機関へ支払う事務手数料
② **住宅ローンを利用する際の諸費用**		
	従来の保証料型	支払い方法は①外枠方式（現金一括で払う）、②内枠方式（金利0.2%上乗せして払う）の2種類があります
	融資手数料型	保証料は不要となる代わりに事務手数料（借入金額の約2％）が必要です
③ **火災保険料**		通常、火災保険に加入します
④ **仲介手数料**		不動産会社へ支払う手数料
⑤ **登録免許税**		
	土地の所有権移転登記	購入した土地を登記する際の税金
	建物の所有権保存登記	新築した家屋を登記する際の税金
	建物の所有権移転登記	購入した中古家屋を登記する際の税金
	抵当権設定登記	金融機関から融資を受ける際に抵当権の登記手続きにかかる税金
⑥ **司法書士手数料**		登記手続きを代行してもらう司法書士への報酬
⑦ **印紙代**		不動産の売買契約書などを交わすときにかかる税金
⑧ **固定資産税、都市計画税の精算金**		税額を日割で計算して、買主から売主へ支払って精算します

諸費用 1 住宅ローン事務手数料

費用は3万円程度で、住宅ローン契約時に支払います。

諸費用 2 住宅ローンを利用する際の諸費用

住宅ローンを組むときには、信用保証会社の承認が必要になります。

保証会社は、住宅ローンの利用者から保証料を受け取ることで、万が一、その利用者が借入金を返済できなくなった場合に、利用者に代わって借入金を返済します（代位弁済という）。

この保証会社へ支払うのが**住宅ローン保証料**で、ローンの返済期間が35年間だと、**借入金の2%**程度になります。

じつは、諸費用の額は頭金が多いほど安く抑えられます。それは、この**住宅ローン保証料で差が出る**からです。

このような従来からある「保証料型」のほかに、最近では「**融資手数料型**」というのがあります。これは保証料が不要となる代わりに、事務手数料（借入金額の約2%）が必要となる借入の仕組みです。

諸費用 3 火災保険料

住宅を購入するときは通常、火災保険に加入します。

火災保険料を出すには複雑な計算が必要です。おおよその額は、建物価格の2%程度です（構造などで大きく変わる）。

また火災保険料は、一般的に住宅ローン借入期間分の保険料を一括して支払います。できるだけ**長期で、一括で支払ったほうが保険料が割安になる**からです。

諸費用 4 仲介手数料

　不動産会社が受け取る**仲介手数料**は、宅建業法により**上限額**が定められています。

不動産の購入価格	仲介手数料の上限額（税別）
200万円以下	購入価格の**5%**
200万円超〜400万円以下	購入価格の**4%＋2万円**
400万円超	購入価格の**3%＋6万円**

　不動産会社は、これ以上の額を受け取ると法律違反になります。

　また、仲介手数料を支払う時期は、売買契約を交わしたときと、物件の引渡しが完了したときに、それぞれ半額ずつ支払ったり、あるいは引渡し完了時に一括で支払うなど、これも不動産会社によってさまざまです。

諸費用 5 登録免許税

　土地や建物を購入した場合、あるいは建物を新築した場合には、それらの不動産を登記しなくてはなりません。その際にかかる税金が、**登録免許税**です。

　まず、土地を購入した場合は、**土地の所有権移転登記**が必要です。また、買った土地に新たに建物（新築住宅）を建てた場合は、**建物の表示登記**と**所有権保存登記**が必要です。ただし、表示登記には登録免許税は課税されません。

　土地と一緒に中古住宅を買った場合は、**建物の所有権移転登**

記が必要です。

　さらに、金融機関から融資を受けるときは、**抵当権設定登記**が必要になります。

　これは、土地を買って新築住宅を建てる場合には、土地を購入したときと、建物が完成したときの計2回、登記手続きが必要となり、それぞれ登録免許税がかかります。

登録免許税はいくらかかる？

　登記の手続きでかかる登録免許税の税額は、それぞれ定められた**課税標準に、各税率を掛けて計算します**。

　登録免許税の税率は、次ページの表のようになっています。

> ・土地の所有権の移転登記…土地の評価額× 1.5%※
> ・建物の所有権の保存登記…新築の建物価格× 0.15%※
> ・建物の所有権の移転登記…中古の建物価格× 0.3%※
> ・抵当権の設定登記………土地の融資（債権）金額× 0.4%
> 　　　　　　　　　　　　　建物の融資（債権）金額× 0.1%※
>
> ※軽減税率が適用の場合

不動産の各登記にかかる登録免許税の税率は、原則、次の通りになります。

	原則の税率
所有権の保存登記	0.4%
所有権の移転登記	2%
抵当権の設定登記	融資（債権）金額の 0.4%

土地と住宅については、次のような軽減措置が設けられています。

●土地の所有権移転登記の軽減税率

2023 年 3 月 31 日までに行う土地の売買による所有権の移転登記にかかる登録免許税率は、1.5%に軽減されます。

●住宅用の家屋に関する税率の軽減

一定の要件を満たす住宅用の家屋（新築、中古とも）は、所有権の保存登記や移転登記、抵当権の設定登記の税率が軽減されます。この軽減税率は家屋についてのみ適用され、土地についての適用はありません。

軽減税率が適用される 住宅用の家屋について	軽減税率
所有権の保存登記	0.15%
所有権の移転登記	0.3%
抵当権の設定登記	債権金額の 0.1%

諸費用 6 司法書士手数料

　登記手続きの代行を、**司法書士に依頼する**ときに発生する費用です。内容によって料金は変わってきますが、だいたいの相場は10万〜15万円程度です。

諸費用 7 印紙代

　不動産を購入するときの売買契約書や、住宅の建築請負の契約書、住宅ローンなどの金銭消費賃借契約を交わすときには、**印紙税**がかかります。

　印紙税は、**収入印紙**を購入して契約書に貼り、その上に印鑑を押すという方法で納税します。

　なお、不動産を購入するときの売買契約と、住宅の建築請負の契約については、住宅取得に関わる軽減措置として、印紙税額が以下の通りに引き下げられています。

契約金額	不動産の取得に関わる軽減税率※	住宅ローンの契約
1,000万円超 〜5,000万円以下	**1万円**	**2万円**
5,000万円超 〜1億円以下	**3万円**	**6万円**
1億円超〜5億円以下	**6万円**	**10万円**

※2024年3/31まで

諸費用 8 固定資産税、都市計画税の精算金

　土地、建物の固定資産税と都市計画税は、物件の引渡日に日割計算をして、**買主が売主に精算金を支払います。**

🏠 実際の諸費用を計算してみよう

　どんな諸費用が必要かわかったところで、Aさんが負担する諸費用の大まかな金額を計算してみましょう。

Aさんが不動産を購入する条件

※土地を購入し、住宅を新築する場合

- ・全体の購入予算額……………………5,700万円
- ・建物代金の予算額……………………2,100万円
- ・正味の土地代金の予算額…………3,300万円
- ・金融機関からの借入額……………4,500万円
- ・住宅ローンの返済期間 ……………… 35年間

諸費用 1 住宅ローン事務手数料

約3万円

諸費用 2 住宅ローン保証料

借入金
4,500万円 × 約2% = **約90万円**

諸費用 3 火災保険料

建物価格
2,100万円 × 約2% = **約42万円**

154

諸費用 4 仲介手数料

土地価格				
3,300万円	×	3%	+	6万円	+ 消費税

= **約115万円**

諸費用 5 登録免許税

●土地の所有権移転登記

土地評価額		税率		
1,500万円	×	1.5%	=	**22万5,000円**

●建物の所有権保存登記

建物評価額		軽減税率		
1,000万円	×	0.15%	=	**1万5,000円**

●土地・建物の抵当権設定登記

※土地購入時に3,000万円、建物完成時に1,500万円の融資を受ける場合

土地借入金		税率		建物借入金		軽減税率
3,000万円	×	0.4%	+	1,500万円	×	0.1%

= **13万5,000円**

※土地購入時は軽減税率が適用されない

諸費用 6 司法書士手数料

10万円

諸費用 7 印紙代

土地の印紙代　　　建物の印紙代　　　住宅ローンの印紙代

$$\boxed{1万円} + \boxed{1万円} + \boxed{2万円}$$

$$= \boxed{4万円}$$

諸費用 8 固定資産税、都市計画税の精算金

日割計算で　$\boxed{5,000円}$　とする

上記 1 ～ 8 を合計した諸費用の額
→　299万円

　P.147 で計算した、諸費用の概算額は 300 万円でしたから、ほぼそれに見合った金額になりますね。

購入予算の計算 Step7

土地代以外の経費を出す

🏠 諸費用のほかにかかるコストがある

土地を購入する際には、前のページまでに見てきた諸費用のほかにも、じつはいろいろと経費がかかります。

諸費用のほかにかかる主な経費	
□ 古家の解体費用	□ 測量費用
□ 地盤改良工事費用	□ 埋設管の引込費用
□ 擁壁工事費用	□ 境界塀の築造費用
など	

これらの経費がかかるか否かは、物件次第ですが、もしもかかるとしたら、どれくらいの額になるのか、それぞれ見ていきましょう。

🏠 古家の解体費用はいくらか

その土地の状態、状況によっては、さまざまな付帯工事が必要になります。その1つが、古家の解体工事です。

例えば、Aさんが購入を予定している土地の広告チラシに、「古家あり」「現況渡し」と書かれていた場合、そこに新しく家を建てるには、いま建っている古家を取り壊さなくてはなりま

せん。

　この**解体費用**は、周囲の塀（へい）を壊したり植木を引き抜くなどして完全な更地（さらち）にする場合で、木造の場合、建坪あたり約7万円。

　古家の延床面積（のべゆか）を30坪として、これを解体して更地にするには、

解体費用だけで約200万円もかかることになります。

🏠 測量費用はいくらか

　また、**土地の測量**が必要なケースもあります。

　例えば、チラシに書かれた土地面積の横に、「公簿（こうぼ）」と書かれていることがあります。

　公簿とは、不動産登記簿上に記載されている面積という意味で、これを**公簿面積**といいます。

　これに対して、土地を売買する前に測量し直した面積のことを、**実測面積**（じっそく）といいます。

　公簿面積で売り出されている（公簿売買という）場合でも、売買取引の前に正確な測量を行うべきです。この費用は通常、契約の前に売主が負担して測量してもらうように交渉するべきものです。

　そうでなければ買主の負担となり、だいたい50万〜70万円程度かかります。

🏠 地盤改良工事費用はいくらか

付帯工事には、**地盤改良**もあります。

家を建てる前になって地盤調査をした結果、土地が軟弱なことがわかり、杭打ち工事の必要が出てきた、といったケースです。地盤の状態にもよりますが、100万円以上かかることもあります。

🏠 埋設管の引込費用はいくらか

相当な築年数の古家が建っている土地だと、上下水道管を引き込む工事も必要かもしれません。

まず上水道管ですが、土地の前面の道のアスファルトを「はつって（はがして）」引き込む工事だと、1㎡あたり約10万円の工事費用がかかります。

一方、下水道の工事は、公道の場合は工事費用はかかりませ

んが、私道の場合は自己負担となります。

　また、公道、私道とも工事を行う場合は水道局に申請が必要です（申請費用がかかる）。

　ただし、下水道管が埋設されていなければ、浄化槽を設置するのに別途費用がかかります。

擁壁工事費用はいくらか

　土地の造成工事が必要なケースもあります。

　例えば、隣りの土地との高低差が２ｍ以上ある場合は、土留めと呼ばれる擁壁工事をしなくてはなりません。

　例えば「プレキャス」といって、工場生産した材料を現場に運んで組み立てる方式で、10ｍ×20ｍの土地の四方に高さ１ｍのコンクリート製の擁壁を設けようとする場合、**数百万円**もの工事費がかかってしまいます。

境界塀の築造費用はいくらか

　いま、隣地との境界に**境界塀**が立っていて、高い塀が古くてぐらついていたりすると、行政から控壁の設置や、1.2ｍ以下に高さをカットするように指導が入ることがあります。

　再築造するには、新しい塀の工事費のほかに、古い塀の取り壊しや廃材処分にも費用がかかり、下の土を掘って基礎から作るならその費用も上乗せされます。

　以上のコストを合わせると、土地代以外のコストだけで、1,000万円以上もかかることがあります。

もしも、これらの費用がすべて必要なら、正味の土地代にかけられる予算は、総予算 3,500 万円からこの額を差し引いた、残り 2,500 万円になります。

COLUMN

土壌汚染がないか確認する

　土地の過去の履歴を調べて、作業所や工場、倉庫、ガソリンスタンドなどがあった場合は、有害物質が土壌に浸透している可能性があります。

　仮に、本地に問題がなくても、隣接地にこのような種類の建物などがあった場合でも可能性があります。

　その場合には、表層土壌調査費用として、数十万円が必要となり、もしも土壌が汚染されていたら浄化をしなければなりません。

　汚染物質の種類や汚染の範囲、深さによって、浄化にかかる費用は変わりますが、数百万円かかるケースも多いので注意が必要です。

購入予算が決まったら
次は住宅ローンの選び方や
お客様の希望にそった
長期的なマネープラン
の提案の仕方を
学びましょう

長期的な マネープラン の提案

01

住宅ローンの
基礎知識を身につけよう

🏠 予算の次は、住宅ローンの返済の話

購入予算を決めたお客様が、次にあなたにたずねることは、「銀行にこれだけ借りると、**月々の返済はいくらですか？**」

この質問に対して、どんな住宅ローンを組めば、いくらの返済額になるかを、あなたは速やかに答えなくてはなりません。

そもそも住宅ローンとは、土地や建物を購入する人に金融機関がお金を貸し出す（融資する）「金融商品」。でも、言葉くらいは知っていても、中身まではよく知りませんよね。

そこで、お客様の前でとまどわないように、住宅ローンの基本的な知識をここで学んでおきましょう。

🏠 住宅ローンの金利の種類は？

「ローン」とは、お金を貸し付けること。ローンでお金を借りた人は、当然、借りたお金、すなわち**元金（がんきん）に、利息（りそく）をつけて返済**しなくてはなりません。クルマのローン、教育資金のローン、そして住宅ローンもすべてそうです。

利息とは、ようするに元金の借り賃です。元金に対する利息の割合のことを「金利」といい、住宅ローンには**変動金利、固定金利**という、2つのタイプの金利があります。

固定金利の代表的な商品が「フラット35」です。返済期間は最長35年という長期固定金利になっています（P.169参照）。

	変動金利	**固定金利**
金利	• 利率は年２回など定期的に見直す	• 借入時から完済まで利率が変わらない
返済額	• 返済額は５年ごとなど定期的に見直す • 借入時に総返済額が確定しない	• 借入時から完済まで返済額が変わらない • 借入時に総返済額が確定する
注意点	• 返済中に金利水準が上がると返済額が増え、金利水準が下がると返済額が減る	• 金利水準の上下動の影響を受けない • 一般的に変動金利型よりも利率が高い

　このほかに、３年間、５年間、10年間など、一定期間に限って金利を固定するタイプ（固定期間選択型）もあります（P.176参照）。

　さらに、金融機関によっては、変動金利と固定金利を組み合わせた、**ミックス**（P.175参照）と呼ばれる商品もあります。

🏠 住宅ローンの返済方式は？

　住宅ローンの月々の返済額は、元金の返済分と、利息とを合計した金額です。

　返済の仕方には、**元利均等返済**（がんりきんとう）と**元金均等返済**（がんきんきんとう）という、２つの方式があります。

住宅ローンの 2 つの返済方式

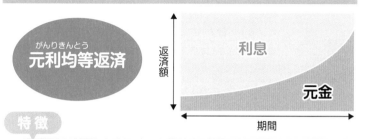

元利均等返済
（がんりきんとう）

特 徴

・毎月の返済額は、一定額。その中で元金と利息の割合が変わっていく

・返済当初は、利息の支払いにあてられる割合が高いので、元金の減りが遅くなるというデメリットがある

・返済額が一定なので、返済計画が立てやすく、安心感があるというメリットがある

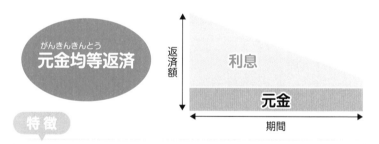

元金均等返済
（がんきんきんとう）

特 徴

・毎月の返済額は、まず元金を毎月均等にし、それに対して利息を乗せた額

・返済当初は、元利均等返済に比べて負担が大きいが、元金は着実に減っていくため、負担は徐々に軽くなる

・返済総額は、元利均等返済よりも少なくすむ

それぞれの方式の特徴は、左ページの図に示した通りです。長所、短所をよく考え合わせて、お客様にとってよりよい方式を選びましょう。

1つ、注意しておきたいのは、総返済額です。元利均等返済は、毎月の返済額は一定額ですが、その中で元金と利息の割合が変わっていきます。返済当初は、元金よりも利息の支払いにあてられる割合が高いので、元金の減りが遅くなります。

一方、元金均等返済は、返済当初こそ毎月の返済額は元利均等返済よりも高いのですが、時間が経つほど元金がどんどん減っていきます。その結果、2つの返済方式を**最終的な総返済額で比較すると元金均等返済のほうが安くすむ**のです。

ただし、一般的に選ばれるのは返済額が毎月同じで、将来の返済計画が立てやすい元利均等返済のほうで、元金均等返済は金融機関によっては扱っていないところもあります。

また、これら毎月の返済に加えて、ボーナス時の返済を併用する方法もあります（**ボーナス返済**）。この場合、ボーナスの支給額は、勤務先の業績次第で変動する面があるので、あまりムリな返済額は設定しないように気をつけましょう。

🏠 住宅ローンの返済期間は？

住宅ローンの返済期間は、最短1年から、**最長35年**の間で設定します。返済期間が長いほど、月々の返済額は安くなります。

ただし、35年などの長期の返済では、**完済時の年齢**との兼ね合いをよく考えなくてはなりません。反対に、短期の返済に

して月々の返済額を高くすると、イザという出費があったとき
に家計が苦しくなる心配があります。

🏠 余裕があるときは繰上返済がおすすめ

ところで、長期の返済にする場合は、将来、**繰上返済**をして
いくことを考える必要があります。

くりあげへんさい
繰上返済とは
月々の返済とは別に
元金の一部を返済することです

繰上返済で元金が減れば、その後の利息が安くなり、**総返済
額を抑えられます**。

ですから、お金に余裕ができたら繰上返済しておいたほうが
有利です。

とくに、完済予定時の年齢が会社の定年を上回ってしまうよ
うなケースでは、高齢になってからの収入が不安なので、なる
べく繰上返済しておくべきです。

注意したいのは、**繰上返済するには所定の手数料がかかるこ**
とです。一部繰上返済の場合、金融機関の窓口で手続きを行う
と手数料がかかりますが、ほとんどの金融機関はネット上で手
続きを行えば手数料はかかりません。ただし、全額繰上返済（完
済）の場合は、手続きはネット上では行えず、窓口のみの対応
になります。また、**フラット35には手数料がかかりません**。

第7章 長期的なマネープランの提案

🏠 さまざまな特典があるフラット35

フラット35の名前が出たので、少し詳しく見ておきます。

長期固定金利ですから、金利が低いときに借りるとメリットがあります。

いまはどの金融機関でも**1%台の固定金利**になっています（2023年1月現在）。

借り入れできる額は、**最高で8,000万円**。また、住宅ローンを組むときは保証料がいりません。**保証料0円**です。

融資の審査は、年齢や年収といった申込者の「属性」よりも、物件自体の価値が問われ、耐震性など一定の条件を満たす必要があります。

フラット35の特長

○ **1%台の固定金利**

○**最高8,000万円の借入れが可能**

○**保証料0円**

○**繰上返済時の手数料が不要**

第7章 長期的なマネープランの提案

169

02

変動金利は
本当に有利か!?

🏠 お客様は返済額さえわかれば安心!?

さて、住宅ローンの知識がひと通り身についたところで、先ほどの「月々の返済はいくらですか?」の話に戻りましょう。

お客様から住宅ローンの質問をされると、たいていの担当者は早速、ローン電卓を取り出します。

ローン電卓——これさえあれば、むずかしい計算もなんなくできてしまいます。とっても便利ですよね。

そこであなたも、電卓の画面をお客様に見せながら、こんなふうに計算してみせるのではないでしょうか。

「……ええっと、Ａ様の銀行からの借入れは、税込年収 680
万円の８倍までＯＫですから、この〈5,440 万円〉を借入額と
してローンを組んだ場合……金利は変動金利で優遇ありとして
〈0.5％〉。返済期間は〈35 年〉の 420 回払い。これらを入力し
てみると……月々の返済額はこの額ですね。それとトータルの
返済額はこれで、そのうち利息分はこうなります……」

　借入額と金利、それに返済期間の数字さえわかれば、あとは
ローン電卓に入力するだけで、あっという間に計算してくれま
す。

　お客様のＡさんが一番気にしているのは、月々の返済額で
した。そこで、もしもそれでは高すぎるといわれたら、「それ
じゃあ、年２回のボーナス返済を併用すれば、月々の返済額は
ここまで安くなりますよ」などと提案します。

　たいていの担当者は、だいたいこんな感じで住宅ローンの話
は終了です。時間にして、ものの５分とかかりません。

　でも、本当にこれでいいんでしょうか。

　不動産という高い買い物をするお客様にとって、お金の話は
とても大切なはずです。物件の購入予算と住宅ローンに関して、
お客様が納得のいくベストなプランを提案していくのが、不動
産のプロである担当者の仕事とはいえないでしょうか。

🏠 超低金利時代は変動金利のほうがトク!?

　住宅ローンは何千万円という借入額になるので、組み方次第
では何十万円、何百万円もの差がついてしまいます。

　この差がつくのは利息の部分で、これに大きく関わるのが、

借入金の**金利**です。

　住宅ローンには変動金利と固定金利の2つがありましたね。フラット35という、いろいろなメリットをもつ長期固定金利の商品もありますが、通常、担当者がお客様におすすめするのは、**変動金利**のほうです。

　銀行やハウスメーカーなどがつくる商品パンフレットでも、住宅ローンのシミュレーションは変動金利になっているのが一般的です。

　なぜかというと、表面金利（金融機関が発表している金利）からお客様の属性により優遇を受けられるため、実際は1%以下の低い金利になるからです。いまの時点では、変動金利のほうが返済する利息が安くてすむ、つまりお客様にとっては、当初は変動金利を選んだほうがトクなのです。

　数字で見てみましょう。返済期間35年で最大の金利優遇が受けられる場合、金融機関によっても異なりますが、変動金利の利率は0.5%程度。

　これに対して、固定金利の利率は1.5%前後です（2023年1月現在）。

　仮に3,500万円のローンを組んだ場合、もしも金利が1%違ったら、利息の差は年間で約20万円。そのまま10年、20年経過したら、数百万円もの差がついてしまいます。

　これなら、変動金利のほうが月々の支払いがラクだと思われるのは当然ですね。

🏠 変動金利は総返済額が最後までわからない

ただし、ここで注意が必要です。

変動金利のほうが有利、というのは、「今日のような超低金利時代」の「いまの時点」に限ったことであることを忘れてはなりません。なぜなら、将来、金利がどう動くかで、最終的な結果、すなわち総返済額がどうなるかは、大きく変わってくるからです。

固定金利なら、はじめから終わりまで同じ金利ですから、総返済額はローンを組む時点であらかじめわかります。ところが変動金利は、将来の金利が不確定なので、最終的に完済するまで総返済額がいくらになるかはわかりません。ローンを組んだ時点と金利の状況が変わらず、固定金利よりも有利なままで終わるかもしれませんし、逆に金利が上がってしまえば、結局、固定金利よりも高くついてしまうことだってありえます。

金利

変動金利はバブル崩壊後は 3%超はないので、
もしも金利が上がってもそれ以上にはなりません

➡ かつては年利 8%という高金利時代もあった
が、ここ十数年の変動金利は確かに 2〜3%
で推移している

将来、金利が上がっても、
変動金利から固定金利への切替えは
いつでもできます

➡ 変動金利にしていても、翌月から固定金利へ
切り替えることは可能。ただ、変動金利が上
がるときには、同時に固定金利も上がってい
るはず

この先、金利が上がったときには、
お客様の収入も
いまよりだいぶ上がってます

➡ 金利が上がるときは、世の中の景気がよく
なっているだろうという見込み

ただ、いまは変動金利のほうが低利率なのは事実ですから、担当者がお客様に変動金利をすすめるのは仕方ありません。

　お客様としても、予測できない将来の金利よりも、いまの金利で比べて有利なものをすすめられたほうが納得しやすいでしょう。

　中には、金利上昇のリスク（損をする可能性）に不安をもつお客様もいますが、そんなときは左ページにあげたような、担当者がよく使う“定番トーク”というのがあります。「いまもこれからも、変動金利で大丈夫」というわけです。

　けれども、何が起こるかわからないのが世の常です。いつの日か、急にインフレが進んだり、景気は上がらないのに金利だけは上がるといった、非常事態が起こらないとも限りません。

🏠 金利リスクを抑える借り方がある

　将来の金利上昇を不安視する人のために、金利リスクを抑えることを目的とした住宅ローンもいくつかあります。

　その１つは、**ミックス**と呼ばれもので、これは変動金利と固定金利を組み合わせた借り方です（P.176の図を参照）。

　例えば、総借入額3,000万円のうち、2,000万円分は変動金利にして、残りの1,000万円は固定金利にします。つまり、基本的にはいま有利な変動金利で借りておいて、将来、金利が上がった場合のリスクヘッジ策として、借入金の一部を固定金利にしておくのです。

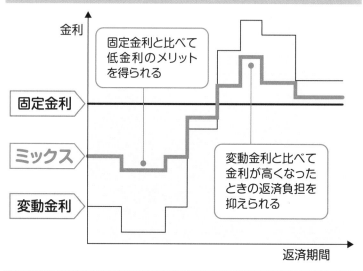

ミックスで借り入れた場合のメリット

金利

固定金利と比べて
低金利のメリット
を得られる

固定金利

ミックス

変動金利

変動金利と比べて
金利が高くなった
ときの返済負担を
抑えられる

返済期間

また、**固定期間選択型**という借り方もあります。

　これは、はじめの５年、10年は固定金利で、それがすぎると変動金利か固定金利のどちらかを選べます（それぞれ５年固定、10年固定という）。

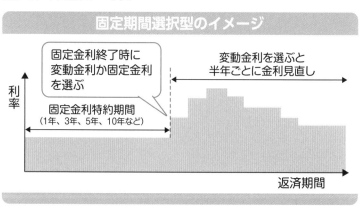

固定期間選択型のイメージ

利率

固定金利終了時に
変動金利か固定金利
を選ぶ

変動金利を選ぶと
半年ごとに金利見直し

固定金利特約期間
(1年、3年、5年、10年など)

返済期間

03

先に土地を買うときの 住宅ローンの注意点

🏠 家賃と住宅ローンの支払いが重なる場合

住宅ローンの利用にあたっては、返済方式や金利タイプの選定のほかにも、注意すべき点がいくつかあります。

例えば、いま賃貸住宅に住んでいるお客様が、先に土地を買って、あとから新築を建てる場合、土地の引渡し直後に住宅ローンの支払いがはじまってしまうと、**現住居の家賃の支払いと重なってしまう**ため、家計の負担が大きくなります。

そこで利用を検討したいのが、新築住居ができるまでの半年～1年の間の**元金据置き**という制度です。

いまはたいていの金融機関で実施している制度ですが、返済期間自体は延びないので、据置き期間が終わると月々の返済額が通常よりもやや高めになる点に注意が必要です。

住宅ローンの元金据置き制度

通常の支払い

返済額	元金
	利息

元金据置き

返済額(利息のみ)	利息

利息分のみ支払うため、この間は住宅ローン残高は減らない

🏠 建物の着工金などを工面する融資

　土地を買って、新築住宅を建てる場合、土地代にあたる分は引渡し後に融資が実行されますが、**建物代の融資は、通常、新居が完成してから行われます**（金融機関は担保にとれる建物がまだないため、融資を行えません）。

　ただ、新築を建てるには、着工時に着工金、棟上げ時には中間金というように、完成前までに何度か支払いが発生するものです。そのため、もしも十分な自己資金がなければ、これらの支払いができなくなってしまいます。

　こんなときに、住宅ローンとは別に、金融機関から受ける短期間の融資を、**つなぎ融資**といいます。

　建物が完成して、建物代の融資が実行されるまでの間、つなぎで借り入れるわけです。

　つなぎ融資は、フラット35でも利用可能なものがありますが、手数料など余分なコストがかかってしまう点に注意が必要です。

🏠 数回に分けて融資を実行する制度

　つなぎ融資ではなく、**分割融資**という選択肢もあります。

　分割融資は、融資の総額を土地の引渡し時と建物の完成時の2回に分けて、融資を実行するケースが多いのですが、中には建物の着工金、中間金を支払うときに、それぞれ融資してくれる金融機関もあります。

　住宅ローンの金融機関を選ぶ際には、こうした点も考え合わせる必要があるでしょう。

ライフプラン＆
キャッシュフロー表の作成

🏠 物件紹介の前に将来のマネープランを提案しよう

住宅ローンの基本をマスターしたら、次は物件紹介を……とその前に、忘れてはならない大切なことがあります。

それは、お客様の立場で考えた、**「将来のマネープラン」を提案する**ことです。

月々の住宅ローンの支払いは、当面の間は大丈夫そうだと思っていても、将来、本当に支払っていけるのか、不安なお客様が大半です。

その漠然とした不安を、将来のマネープランを提案することで、解消してあげることが大切です。

🏠 大きな出費は住宅購入だけではない

また、不動産という大きな買い物をするときは、住宅ローンの返済のやりくりだけを考えるのではなく、将来かかる子どもの教育費や、高額な生命保険料の支払い、老後の生活資金など、家計に大きな割合を占める出費についても、併せて検討しなくてはなりません。

住宅購入資金のほか、教育資金、生命保険料、老後資金を**人生の４大支出**といいます。

これらのお金について、将来不安を抱えたまま不動産を買ってしまうのは、経済的なリスクが大きく、ストレスの原因にもなります。

　月々の返済額がいくらかも大切ですが、むしろ物件を買ったあとの、**将来の家計の収支と貯蓄残高が、どのように推移していくかを予測する**ことが、将来のマネープランでは大切なことなのです。

🏠 不動産購入後の未来を予測する

　家計の収支と貯蓄残高の推移を、ここでは「キャッシュフロー」と呼ぶことにしましょう。

　お客様の将来のライフプランと、それにそったキャッシュフローを1つの表にまとめたものが、P.182 に掲載した「**ライフプラン＆キャッシュフロー表**」です。

　これは、ファイナンシャルプランナーなどが使っている市販のソフトを使えば、誰でも作成できます。

（手順1） 情報をお客様からヒアリングする

□家族構成、年齢　　□現在の金融資産
□現在の収入（世帯主、配偶者とも）
□現在の支出（生活費、住宅費、教育費、税金など）
□将来の収入（年収の上昇分、退職金、満期保険金など）
□将来の支出（旅行、車など）　　□加入中の保険、年金
□将来のライフイベント（子どもの進路、セカンドライフなど）

（手順2） 情報をソフトに入力して表を作成する

（手順3） 表から、次のことを読み取る

□金融資産残高がマイナスにならないか
□教育費がピークのとき、家計は大丈夫か
□老後資金は蓄えられるのか

■キャッシュフロー表（我家の生涯収支表）

（単位：万円）

項目	変動率	2015	2016	2017	2018	2019	2020	2021	2022	2023	2024	2025	2026	2027	2028	2029	2030	2031	2032	2033	2034	2035	2036
甲年		27	28	29	30	31	32	33	34	35	36	37	38	39	40	41	42	43	44	45	46	47	48
在職年数		19	20	21	22	23	24	25	26	27	28	29	30	31	32	33	34	35	36	37	退職	退職	
ご主人様		42	43	44	45	46	47	48	49	50	51	52	53	54	55	56	57	58	59	60	61	62	63
奥様		40	41	42	43	44	45	46	47	48	49	50	51	52	53	54	55	56	57	58	59	60	61
花子（長女）		10	11	12	13	14	15	16	17	18	19	20	21	22	23	24	25	26	27	28	29	30	31
太郎（長男）		6	7	8	9	10	11	12	13	14	15	16	17	18	19	20	21	22	23	24	25	26	27
ライフイベント		家族旅行／太郎様 小学入学	花子様 中学入学	花子様 中学入学	家族旅行		花子様 高校入学／太郎様 中学入学			花子様 短大入学／太郎様 運転免許取得	家族旅行／太郎様 高校入学	花子様 就職	夫婦旅行	太郎様 大学入学／運転免許取得		職場変更／夫婦旅行	太郎様 就職／結婚	就職		夫婦旅行／花子様 初孫誕生	退職金受領		
収入 手取額・夫	1.015／固定	700	711	721	732	743	754	765	777	789	800	812	825	837	849								
手取額・妻（パート）		90	90	90	90	90	90	90	90	90	90	90	90	90	90								
（年金・夫）																680	680	680	680	680			
（年金・妻）																90	90	90	90	90			
学資保険満期金			200									200											
利他退職金																					2,500		
その他（ローン増額）		30																					
計		820	830	839	849	859	869	879	890	879	890	902	915	927	939	770	770	770	770	770	3,270	770	770
支出 生活費	1.01	240	242	245	247	250	252	255	257	260	262	265	268	270	273	273	273	273	273	273	273	300	300
教育費 花子							100	100	100	130	80												
太郎											100	100	100	150	100	100							
住居費		30	30	30	30	30	30	30	30	40	30	30	30	30	40	30	30	30	15	30	30	30	14
住宅ローン	固定	145	145	145	145	145	145	145	145	145	145	145	145	145	145	145	145	145	145	145			
保険（生命・学資・自動車）	固定	48	48	48	48	48	48	48	48	48	48	48	48	48	48	48	48	48	48	48	48	48	48
車（購入・車検費）	固定		200									200									200		
旅行・余暇取得費 小計（購入・車検等）		82	82	82	82	82	82	82	82	82	82	82	82	82	82	82	82	82	82	82	75	75	75
旅行・余暇取得費		30			15	15		15		15	30		15			15	15	15	15	75		75	
固定資産税等			8	8	8	8	8		23		30	14	14	30	40	30	30	30	30	30	30	14	14
その他・繰上償還																							
計		623	785	608	630	624	671	719	666	774	781	834	637	739	717	662	707	555	570	585	1,407	1,207	1,207
年間の金融資産額		300	497	541	772	991	1,226	1,424	1,585	1,808	1,913	2,022	2,090	2,368	2,556	2,778	2,885	2,948	3,162	3,362	3,546	5,409	4,972
当年中の収支		197	44	231	219	235	198	161	224	105	109	68	278	187	222	107	62	214	199	184	1,863	(437)	(437)
年末の金融資産額		497	541	772	991	1,226	1,424	1,585	1,808	1,913	2,022	2,090	2,368	2,556	2,778	2,885	2,948	3,162	3,362	3,546	5,409	4,972	4,535
住宅ローン残高（年末）		3,017	2,921	2,822	2,720	2,615	2,507	2,396	2,282	2,165	2,045	1,922	1,796	1,667	1,535	1,400	1,261	1,121	977	820	670	517	361
退職金（見込）																					2,500		

■マイホーム計画（40歳で購入したと想定）

- ・物件価格　4500万円
- ・資金内訳
  - 自己資金　　　　　1300万円
  - 住宅ローン（財形）3200万円
- ・財形の内容
  - 融資額　3200万円
  - 利率　　1%
- ・返済年数　25年
  - ＊65歳で完済。余裕があれば繰上償還する
- ・毎月払いのみ。ボーナス返済なし
- ・毎月支払額　約120600円（年間約145万円）

■貯蓄額とローン残高比較グラフ

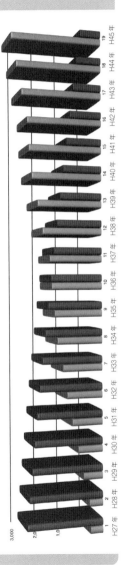

■マイホーム計画（40歳で購入したと想定）

1) マイホーム（マンション）をご主人が40歳の時（平成25年）に購入したと想定

2) 貯金がある程度たまったら、住宅ローンの繰上償還を実施したい。

3) ご主人の手取額は56歳に職場変えとなり2割ダウンし以降固定（定額）とした。
   ＊年間手取額のアップを1.5%と想定した。

4) 教育費には、学習塾・修学旅行積立含む
   教育費の入学時には、入学金・制服等が必要なため、多少多めに計上した。

5) 各種保険については、詳細を記入していませんので、ご自分で記入してください。

6) お子様が成人した後は、生命保険の内容を変更することも可能となります。

7) 61歳以降については、再就職・年金生活等が分かれるので、自分に合わせて記入ください。

8) 住居費の内訳は、管理費・修繕積立金等で毎月4万円と想定した。

9) 固定資産税等で当初4年間免除されるのは、優遇税制の適用があるためです

10) 住宅ローン控除が平成34年まで適用されております。（数字は概算です）

凡例：■貯蓄金額　■ローン残高

とくに、**金融資産残高の推移**は大切です。向こう数十年のうちにマイナスにおちいる時期はないかチェックします。マイナスになると、新たな借金が必要になってしまいます。

　また、意外に負担が大きいのが、**子どもの教育費**です。よくある失敗例は、住宅ローンを組んだ当初にどんどん繰上返済していき、やがて教育費がピークを迎えたときに、変動金利が上がってしまい、貯金が底をついてしまうパターンです。

　さらにこの表から、住宅を買ったあとで**理想のライフプランが実現できるか**どうかもわかります。住宅ローンの返済に追われて、やりたいことができないような生活なら、そもそも住宅を買うこと自体を考え直す必要も出てくるでしょう。

　お客様も、この表によって自分と家族の今後数十年間の未来を目のあたりにすることで、不動産購入のことを真剣に考えはじめるようになります。

🏠 長期的な視点で改善策を検討する

　ライフプラン＆キャッシュフロー表で、収支バランスが悪い結果が出たときは、あなたから対策を提案しましょう。

　例えば、収入を増やすには、奥様がパートに出るなどして夫婦でダブルインカムの期間を長くするとか、支出を抑えるには生活費を見直すとか、あるいは老後資金の不足は資産運用を検討する、といったことです。

　また、この表を使えば、住宅ローンの種類や組み方、金融機関についても、お客様の条件に最も適したものを選ぶことができます。

🏠 家を買ったら、必ず生命保険を見直す

　住宅ローンを組むときは、**いま入っている生命保険を見直す
チャンス**でもあります。

　なぜなら、住宅ローンの申込みは、通常、**団体信用生命保険**
（**団信**ともいう）への加入が条件になります。これは住宅ロー
ンに限定した生命保険で、加入者がローン返済中に死亡したな
どの場合に、未返済分を加入者に代わって保険会社が返済し、
清算するしくみです。

　つまり、住宅ローンと同額の生命保険に新たに加入すること
になるため、これまで加入していた生命保険の保険金額を減額
して、**支払い保険料を下げる**ことができます。

　安くなった分は、住宅ローンの繰上返済の原資にあててもい
いでしょう。

不動産を買うときの税金、買ったあとの税金は？

🏠 不動産を買うときにかかる税金

不動産を買うときにかかる税金には、次のものがあります。

印紙税	・売買契約書のほか、建物の請負工事の契約書、住宅ローンの金銭消費貸借契約書などに印紙を貼り、消印することで納税する
不動産取得税	・不動産を所有したときに、不動産がある都道府県から課される税金 ・税額は、不動産の固定資産税評価額※×税率（一般的な税率は100分の4）で計算
登録免許税	・土地の購入なら所有権移転登記など、必要な登記をするときにかかる税金

※国が定める固定資産評価基準に基づき市町村が決めるもので、固定資産税や都市計画税などの計算をする基準になる価格

　また、確定申告することにより、適用条件を満たす場合、所得税（国税）の控除がされて税金が安くなる、**住宅ローン控除**の制度があることも、お客様に忘れず伝えましょう。

　これまで、年末時点の住宅ローン残高の1％が所得税から控除され、控除期間は原則10年間（特例措置で13年間）でしたが、2022年の税制改正により、**2022年以降に住宅ローン控除が適用される**お客様は、**控除率が0.7％、控除期間が13年間**（既存住宅および増改築は10年間）となります。

　なお、認定住宅、ＺＥＨ（ネット・ゼロ・エネルギー・ハウ

ス）、省エネ基準、その他の住宅によって、それぞれ借入限度額が異なりますので毎年確認をしてください。

🏠 不動産を買ったあとにかかる税金

一方、不動産をもっているとかかる税金は、次の通りです。

固定資産税	・毎年1月1日時点で固定資産課税台帳に不動産の所有者として登録されている人に課される税金 ・税額は、不動産の固定資産税評価額×税率（一般的な税率は100分の1.4）
都市計画税	・都市計画で指定される市街化区域内にある不動産の所有者に課される税金 ・税額は、不動産の固定資産税評価額×税率（一般的な税率は100分の0.3）

🏠 固定資産税の支払いに注意

古家が建っている土地を買うときは、建物を解体して更地にする時期がポイントになります。

なぜなら、**1月1日時点で更地の土地は固定資産税が高くなってしまう**からです。建物が建っている場合と比べて、約6倍も高くなります。

そこで、例えば10月に売買契約を交わして、12月に引き渡すような場合、年内に古家を解体してしまうと、向こう1年間の固定資産税が高くなってしまうので注意が必要です。それだけで税額は数十万円も違ってきます。

私道を含む土地で注意すること

建物の建築が可能な「有効宅地」の部分と、私道の部分とがある土地では、私道に人の通行があり、道路として認められている場合は注意が必要です。

有効宅地部分と私道部分が分筆されておらず、併せて1筆になっていると、私道部分に固定資産税、都市計画税が課税されてしまうことがあります。

私道部分を非課税にするには、分筆するか、あるいは有効宅地部分と私道（道路）部分とを明確にする資料として、測量図を携えて、自治体の課税担当部署（東京都なら都税事務所）を訪れ、手続きすることが必要です。

つづいて
購入の申込みから
物件の引渡しまで
の流れを見ます

第 8 章

契約業務
の流れ

取引の完了までには
いくつものステップがある

🏠 売買契約を結んだあとのフォローが大切

この章では、お客様が物件を気に入ってくれたときの話をします。

お客様が購入の申込みをしてから、最終的に物件を引き渡すまでの、実務のポイントと注意点を見ていきましょう。

右ページの図に、大まかな流れを示しました。結構いくつものステップがありますね。

「お客様の気が変わらないうちに」と、一刻も早くクロージングしたいところですが、売買契約を結び、物件を引き渡すまでには、必要な手続きがたくさんあります。

不動産会社の担当者の中には、売買契約を結ぶまではていねいな応対をするものの、それ以降は途端に応対がよくなくなって、雑な仕事をする人も時折見受けられます。それが引渡しのときになって、お客様のストレスや不満につながってしまうことも少なくありません。

最後まで、ていねいなフォローを心がけましょう。

また、各ステップで必要になる、書類や印鑑、お金などがあります。これらの中には、準備するためにお客様に時間をとっていただかなくてはならないものもあります。そうしたものは、早めにお客様に連絡するようにしましょう。

購入申込みから物件引渡しまでの流れ

購入申込み
購入希望価格や契約締結予定日などを決めて書面に記載する

住宅ローンの事前申込み
契約までに住宅ローンの事前審査を行っておく。審査結果は数日でわかる

重要事項説明
契約前に物件や契約の内容に関する重要事項を買主に説明する

契　約
売買契約書に記名押印し、買主が売主へ手付金を支払う

住宅ローンの本申込み
正式に住宅ローンの申込みをする。団体信用生命保険の申込みも行う

住宅ローンの正式内定
本申込みから約1週間後に通知される

金銭消費貸借契約
（住宅ローン契約）
住宅ローンの実行をするための契約を結ぶ

残代金の決済
住宅ローンが実行され、買主が売主へ残代金を支払う

物件の引渡し
物件の所有権移転手続きを行う

02

購入申込み

購入申込書をつくる

🏠 価格や条件の希望を書面にまとめる

お客様が物件を「買いたい」という意思表示を確認したら、購入価格のほか、諸条件に関してお客様の要望をうかがいます。

例えば、いま建っている古家を壊して更地の状態にして引き渡してほしい、といったことです。

それがまとまったら、お客様が仲介会社に提出する、**購入申込書をつくります**。これは「買付証明書」ともいい、たんに「買付け」と呼ぶこともあります。内容や書式はとくに規定はなく、不動産会社ごとに独自のものを用意しています。

右ページの例のように一般的な記載事項は申込日、お客様の住所、氏名、購入価格、手付金などです。また、お客様の年齢、勤務先、勤続年数、年収などは購入申込書には記載しませんが、売主から聞かれることなのでお客様に確認しておきます。

🏠 インスペクション（建物状況調査）の実施の確認

購入物件が中古（既存）住宅で、売主の意向に応じてインスペクション（建物状況調査）を実施した場合は、重要事項説明時に宅建業者が買主に対してインスペクションの結果を説明します。また、売買契約時には、基礎、外壁等の現況を、売主と買主が相互に確認し、その内容を宅建業者から売主と買主に書面で交付します。

不 動 産 購 入 申 込 書

株式会社○○　御中　　　　　　　　　　　20○年○月○日

住所　○○○○○○○○○○

氏名　○○○○　　　　　　㊞

　私は、貴社よりの紹介を受けております下記表示の不動産を、下記条件にて購入することを申し込みますので、その旨貴社に報告します。

記

1. 購入価格および支払条件等

購入価格（内消費税額	円也）		円也
手 付 金	本契約締結時支払い		円也
内金 第1回	年　　月　　日までに		円也
内金 第2回	年　　月　　日までに		円也
残 代 金			円也

2. 融資の利用予定	有り		円也
3. 契約締結予定日		年　　月　　日まで	
4. 実測精算の有無			
5. 引渡し		年　　月　　日まで	
6. その他			

《本物件の表示》

土地	所在地番		建物	所在地			
	地　目			家屋番号		種　類	
	地　積			構　造		床面積	
				マンション名		号　棟	号室

仲介手数料（上記購入価格の場合）		円也
消費税額		円也
合　　計		円也

※本書の有効期限　　　年　　月　　日まで
※当社は速やかに上記条件にて売主と折衝いたします。

🏠 クーリングオフ適用のケースもあり

　このとき、申込金は必要ありません。不動産会社によっては、お客様に購入の意思を固めてもらうために一定額を預かっているケースもありますが、本来は必要ありません。

　なお、新築の建売物件のように、**売主が不動産会社**（宅地建物取引業者）で、購入者が個人の場合は、購入申込書を取り交わした場所によっては、**クーリングオフ制度が適用**されます。

クーリングオフは
契約後でも一定期間内であれば
解約できます

　例えば、お客様に新築の建売物件を現地案内したあとで、喫茶店やレストランなどに立ち寄り、その場で購入申込書を書いてもらうことがありますが、このように事務所以外で申込みを受けた場合にはクーリングオフ制度が適用されるので注意が必要です。

🏠 先方の担当者と直接会って交渉する

　売主側に仲介会社がついているときは、購入申込書を先にファクスで送っておき、あとから電話をするのが一般的です。

　ただ、ファクスと電話だけですまさずに、先方へ出向いて、担当者とじかに会うことをおすすめします。そのほうが、購入価格や諸条件の交渉がスムーズにいきます。

先方としても、まったく面識のない相手からいきなり価格の値下げを切り出されても素直に応じられないでしょう。直接会ってお願いすれば、「それなら」と検討してくれるものです。

　また、訪問によって相手の事務所の所在を確認できるほか、事務所内に掲示されている宅地建物取引業者免許証を見て、免許番号や有効期限などを確認することもできます。

🏠 2番手にひっくり返されないためには

　担当者と会ったら、購入申込書の記載事項を1つずつ確認します。売買契約を結ぶ場所はどちらの会社にするか、重要事項説明書はどちらで作成するか（通常は売主側の仲介会社で作成）なども確認しましょう。

　物件の詳しい資料を受け取ることも忘れずに。

　ここでもう1つ大切なのは、よその仲介会社を通じて、あとからいい条件での購入オファーがあった場合の対応です。

　まず、こちらが申込みをした時点で、物件の販売を一時的に止めてもらう（売止めという）ように交渉します。期間は7日間程度です。

　それがムリでも、いい条件を提示する2番手があらわれたら、必ず連絡を入れてもらえるようにします。

　あとから申し込んだほうにひっくり返されたのでたまりません。お客様は、もうあなたを信用してくれないでしょう。そうならないためにも、先方の担当者とよくコミュニケーションをはかることが大切です。

03

住宅ローンの事前申込み

契約前に審査を通しておく

🏠 住宅ローンがダメなら契約は白紙となる

お客様から購入の申込みを取得したら、できるだけ早く、**住宅ローン（融資）の事前審査**を申し込みます。事前審査とは、あとで正式な住宅ローンの申込みをする前の仮審査です。

事前審査は、物件を売止めしてもらっている約1週間の間に行い、契約の前までに承認を得るようにします。

なぜなら、売買契約には通常、住宅ローンの審査に通らなかった場合の、**白紙解約条項**があるからです

そのため、契約までに事前審査を通して、住宅ローンの利用に問題がないことを売主に明示しなくてはなりません。

それに、もしも契約をすませてから住宅ローンの審査に通らなかったら、それまでについやした手間ひまがすべてムダになってしまうだけでなく、お客様にも大変な迷惑をおかけしてしまいます。

そのためにも事前審査を通しておくことはとても重要なことなのです。

🏠 金融機関は本申込みでの変更もOK

お客様の中には、自分が知っている金融機関で事前審査してもらう、といわれる人もいます。ただ、不慣れなため、必要な書類がそろわないなど時間がかかり、契約に間に合わないこともしばしばです。**購入申込みから契約までの間が一番時間のないとき**ですから、手続きは急がなくてはなりません。

そこで、ここはあなたの会社が斡旋・提携している金融機関を利用することを、お客様に納得してもらいましょう。そして、お客様や物件の内容によって融資の承認がおりやすく、スピーディに行ってくれる金融機関を選びます。

事前審査をした金融機関は、本申込みのときに選ばなくてもかまいません。お客様の事情などで変更も可能です。ただ、その場合は、あとから変更になる可能性があることを、契約時に売主側に伝えておくようにします。

事前審査をお願いします

🏠 審査の結果が出るのは数日〜1週間後

事前審査の申込みには、次のものが必要になります。

事前審査の申込みで必要なもの

お客様がそろえるもの | **不動産会社**がそろえるもの

☐ **収入証明書**
　→会社員は源泉徴収票、
　　2ヵ所以上から給与をもらっている人や個人事業主は確定申告書

☐ **認印**
<small>みとめいん</small>

☐ **身分証明書や健康保険証**

☐ **法人の代表者の場合は、**
　会社の決算書（3期分）も必要

☐ **物件に関する資料**

☐ **建物を新築する場合は**
　設計プランと**見積書**

など

このとき注意したいのが、**住宅ローンの額をいくらで申し込むか**です。

とくに、あとから建物を新築するつもりで、先に土地だけを購入する場合は、土地の取得代金のほかに、建物の建築資金も加えた合計額で申し込む必要があります。そうしないと、無事に土地は買えたものの、あとで希望する建物を建てるお金が不足する事態が出てきます。

建築資金を借りる場合は、建物の**設計プラン**と**見積書**を金融機関に提出しなくてはなりません。お客様は、まだどんな建物にするか決めていないかもしれませんが、事前審査に必要です

ので、外部の協力会社に依頼して早急に準備しましょう。

　ただし、あとで建築会社を変更することになった場合について、金融機関に確認をとっておくことが必要です。また、建築会社や工務店の業績がよくないなどの場合には、融資が受けられない可能性があることを、お客様にあらかじめ伝えておきましょう。

　事前審査の結果は、申込みから数日〜1週間後に出ます。

　審査に通れば融資の内定が伝えられ、まずはひと安心です。

　事前審査の結果、金利優遇が何％受けられるかもわかります。

　また、事前審査の内定書には、登記簿謄本の提出時期など、さまざまな条件が加えられていることがあるので、それをクリアできるかどうかを確認してください。

重要事項説明
取引の内容、条件を説明する

🏠 買主の了承が必要なこと

　売買契約を結ぶ前に、必ずしなくてはならないことがあります。それが、**重要事項説明**です。

　重要事項説明（**重説**ともいう）は、不動産取引を安全に行うために、宅建業法の定めにより**売買取引を仲介する不動産会社が、買主であるお客様に対して行うことが義務づけられている**ものです。

説明するのは
購入する**物件の内容**や
取引条件に関する重要事項です

　お客様が重要事項を十分に理解し、納得してもらったうえで、売買契約を結んでもらわなくてはなりません。

🏠 有資格者のみが重要事項説明を行える

　この重要事項説明ができるのは、**宅地建物取引士**（宅建士）の資格をもつ者だけです。資格のない者が行うことはできません。例えば、有資格者を横に座らせて、実際には別の人が説明するといったことは認められません。

なお、売主側と買主側にそれぞれ不動産会社がついている場合、重要事項説明を行うのは通常、売主側の会社です。ただ、買主側の会社も、売主側がつくった重要事項説明書や売買契約書の内容を、自社の宅建士に確認してもらう必要があります。

　契約当日に、買主に早めに会社へ来てもらって重要事項説明をするケースも見受けられますが、法律違反ではないものの、あまりよいことではありません。

　お客様の事情にもよりますが、重要事項説明を受けたあとでお客様が検討できる時間をもてるように、できれば契約の数日前に説明を行っておきましょう。

重要事項説明の主な項目

物件に関する権利関係の明示

・登記された権利の種類や内容
・私道に関する負担　　　など

物件に関する権利制限内容の明示

・建築基準法や都市計画法に基づく制限の内容　　　など

物件の属性の明示

・水道、電気、ガスの供給、排水施設の整備状況
・土砂災害警戒区域内などであるか否か
・水害ハザードマップ
・アスベスト（石綿）使用調査結果の内容
・耐震診断の内容　　　など

取引条件の明示

・物件の代金以外にかかる金額と目的
・契約の解除に関する事項
・損害賠償額の予定または違約金に関する事項　　　など

※このほかマンションなどには別に定める説明項目あり

🏠 重要事項説明ではぶいてはいけないこと

お客様に渡す**重要事項説明書**は、左ページに示した内容、構成になります。通常は、書面に書かれたこの順番で、重要事項を1つずつ説明していきます。

このとき、ついはぶいてしまいがちなのが、書面1ページめの冒頭に記載される「供託所に関する説明」という事項です。

これは何かというと、そもそも不動産会社は、万一倒産した場合に備えて、お客様の保全措置として1,000万円の営業保証金を法務局へ供託することが宅建業法で定められています。

ところが、1,000万円の拠出は会社にとって厳しい負担です。そこで、**保証協会**に入会して弁済業務保証金分担金を払うことにより、営業保証金が免除される仕組みになっています。

つまり、「もしもうちの会社に何かあっても、お客様がこうむる不利は最小限に抑えられます」という大事な意味ですが、何も説明がなければお客様にはさっぱりわからないはずです。この部分を飛ばして、すぐに物件の内容を説明しはじめることがよくありますが、それではいけません。

🏠 文字の訂正は正式なやり方で

説明をしていくと、書面に間違いが記載されているのを見つけることもあります。そのときはあわてずに、正式なやり方で文字を訂正します。

間違いの箇所に**二重線を引き**、そのうえに正しい文字を手書きします。**訂正印**として宅地建物取引士の印鑑をその横に押せばOKです。

不動産の表示

(1) 土地

所在	地番	地目	地積（持分）
1. ○○市○○	1番5	宅地	110.50 m² /
2. 同上	1番6	宅地	50.35（印） 50.25 m² /

🏠 売主が告知するべき重要な情報

　法律で説明義務がある重要事項のほかにも、売主が買主に告知することがあります。

　例えば、土地なら隣地との境界をめぐる取り決めごとや、地盤沈下の有無、建物では雨漏りや腐食の状況などは、重要事項説明書には記載されないケースがありますが、買主にとって大変重要な情報です。もしも契約を結んだあとで発覚したら、トラブルに発展しかねません。

　そこで、売主から買主へ告知をする、**物件状況等報告書、付帯設備表**（中古住宅の場合）などと呼ばれる書類（P.50 参照）を、重要事項説明書と一緒に買主へ渡すことがあります。

買主と媒介契約を結ぶ必要がある

　説明をすべて終えたら、重要事項説明書の買主署名欄に、説明を受けたことを証する住所氏名の記入と押印をもらいます。

　これで重要事項説明は完了ですが、契約の前にもう1つ、やっておくことがあります。それは、**あなたの会社と買主の間で、媒介契約を結ぶ**ことです。

　買主との媒介契約は本来、物件紹介などの業務を始める前に結んでおくべきことです。

　また、このあと売買契約が成立すると、不動産会社は報酬として買主から仲介手数料を受け取りますが、それには買主との間で媒介契約が成立している必要があると、宅建業法で定められているのです。

　買主との媒介契約は、3つの形態（P.116参照）のうち、一般媒介契約にするのが一般的です。

　また不動産会社によっては、買主（または売主）が仲介手数料の支払いを文書で約束する、**支払約定書**を書いてもらうこともあります。

　以上で、契約前に必要な手続きは完了です。

　つづいて、いよいよ正式な売買契約を結びます。

売買契約

契約を結び、手付金を払う

🏠 買主に持参してもらうもの

　売買契約（売契ともいう）を結ぶ際は、買主のお客様に次のものを持参してもらいます。

買主（個人の場合）に持参してもらうもの

□印鑑　（実印または認印）

□本人確認書類　（運転免許証やパスポートの写し）

□手付金　（売主へ支払う）

□契約書に貼付する印紙代　（購入価格による）

※仲介手数料はできれば決済時に全額いただく

　印鑑は実印が望ましいですが、買主は認印でもかまいません。一方、物件の権利を放棄することになる売主は、必ず実印と印鑑証明書を用意しなくてはなりません。

　売主、買主のどちらも個人の場合は、双方から本人確認書類のコピーを受け取ります。

　また、売主が業者のときは、資格証明書や登記簿謄本（全部事項証明書）を受け取ります。

　契約の場に来た人が、従業員など会社の代表者以外の人だっ

たら、従業者証明書や宅地建物取引士証などで身分を確認します。

🏠 契約は単独名義か、共有名義か

　売買契約を結ぶ前に、確認しておかなければならないことがあります。

　それは、**買主側の名義人**です。

　例えば、ご主人が**単独の名義**で契約するのか、あるいは夫婦の**共有名義**にするかを、事前に確認しておきます。

　もしも夫婦共有名義で契約するにあたり、ご主人のみが出席し、奥様は欠席される場合は、奥様の実印を押した委任状と本人確認書類のコピー、印鑑証明書を用意してもらいます。

※共有名義で一方が欠席した場合の
契約書の書き方

〈買主〉

住所　台東区台東0-0-0

氏名　新星花子　　　本人及び左記代理人　新星太郎　㊞

住所

氏名

🏠 契約書の内容を確認し、記名押印する

契約の場に、売主と買主がそろったら、売買契約書を用意して、**文面を読み合わせ**します。ここには、売買する不動産の所在、内容と、売買代金の額や支払時期などが記載されています。

売買契約書には裏面もあり、「融資利用の特約」ほか、いろいろな条文が記載されています。重要事項説明と同じように、売買契約書には不動産に関する専門用語がたくさん出てきます。個人の買主、売主にとってはわかりにくいものですから、きちんと理解し、納得してもらえるように、ていねいに説明しましょう。

最後に、契約の日付、売主と買主双方の住所、氏名を記入し、押印してもらいます。

なお、売買契約書には売買代金に応じた額の**印紙の貼付**（ちょうふ）が必要です（P.153 参照）。

🏠 買主は手付金を支払い、売主は領収書を発行

売買契約書が整ったら、買主から売主へ**手付金**（てつけきん）を支払います。

手付金は、買主が現金または預金小切手（よきんこぎって）で用意するのが一般的です。預金小切手にする場合は、線引小切手（せんびき）（横線小切手ともいう）にします。これなら、万一紛失や盗難にあっても不正な支払いがされにくくなります。

手付金が支払われたら、売主から買主へ領収証を発行します。売主が個人の場合は、領収書に印紙の貼付は必要ありません（法人なら必要）。

住宅ローンの本申込み

融資の承認を受ける

🏠 金融機関はもう一度よく検討する

売買契約を結んだら、次は**住宅ローンの本申込み**の手続きです。

本申込先は、基本的に事前審査を通した金融機関になりますが、お客様の事情や要望をふまえて、もっと有利な条件の住宅ローンを選び直し、金融機関を変更するケースもあります。

そのためにもスケジュールは余裕をもって、売買契約書に明記する「融資承認取得期日」は契約の日付から1ヵ月後に、最終的な物件の「引渡日」は2ヵ月後くらいに設定しておきます。

仕事が忙しく平日に時間がとれないお客様には、**住宅ローン契約の手続きを週末にも受け付けている金融機関**を提案することもあります。

🏠 必要書類は金融機関ごとに異なる

本申込みには、P.210にあげたようにさまざまな書類の提出が必要です。買主のお客様が用意するものについては、売買契約を結ぶ前など、早めに伝えて準備してもらいましょう。例えば、実印をもっていないお客様もいらっしゃることがあります。

ただし、必要書類はお客様個人や、購入する物件の内容、そして**金融機関ごとに異なる**ので、間違いのないように確認してください。

住宅ローンの本申込みに必要なもの

お客様に用意してもらうものです

給与所得者の場合

□ **身分証明書** （運転免許証、パスポートの写しなど）

□ **健康保険証**　　　□ **源泉徴収票**

□ **課税証明書** または **住民税決定通知書** （コピー）

□ **住民票** （3ヵ月以内のもので家族全員記載）

□ **印鑑証明書**

確定申告者の場合

□ **身分証明書** （運転免許証、パスポートの写しなど）

□ **健康保険証**　　　□ **確定申告書** （3年分）

□ **納税証明書** （3年分）

□ **住民票** （3ヵ月以内のもので家族全員記載）

□ **印鑑証明書**

不動産会社が用意するものです

□ **住宅ローン借入申込書**

□ **団体信用生命保険申込書**

□ **個人情報に関する同意書**

□ **物件の登記簿謄本** （登記事項証明書）

□ **売買契約書**　　　□ **重要事項説明書**

□ **建築確認通知書**　　□ **公図**　　□ **測量図** など

🏠 本審査は保証会社の役割が大きい

先の事前審査は、本審査に通りそうかをチェックする簡単な
ものでしたが、本審査ではもっと詳しい調査が行われます。

ここで大きな役割を果たすのが、金融機関が提携する**保証会
社**（保証機関）です。

住宅ローンの利用者は、金融機関が指定する保証会社の保証
を受けなくてはなりません。

お金を借りるには、保証人を立てたり、担保を提供する必要
がありますが、住宅ローンの場合、申込者は金融機関が指定す
る保証会社と保証委託契約を取り交わし、保証料を支払うこと
で保証人になってもらいます（このとき、保証会社は住宅ロー
ンで購入する不動産に抵当権を設定する）。

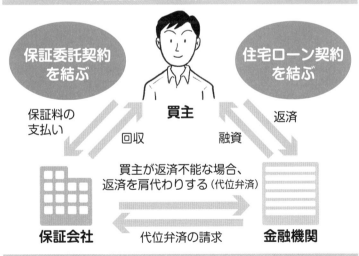

保証会社による保証の仕組み

保証委託契約を結ぶ

住宅ローン契約を結ぶ

買主

保証料の支払い　　回収　　融資　　返済

買主が返済不能な場合、
返済を肩代わりする（代位弁済）

保証会社　　代位弁済の請求　　金融機関

本審査では、保証会社が住宅ローン申込者に借金を返済する能力があるか、また購入する不動産の担保価値はどれくらいかなどを調査します。

本審査は、申し込んでから1週間くらいかかります。そして無事に通れば、はれて融資が承認されます。

🏠 住宅ローン契約を結ぶ

融資の承認通知を受けたら、優遇の内容などを確認したうえで買主へ伝え、同時に売主側の不動産会社へも伝えます。

ただし、もしも融資額が申込額よりも減らされていたら、お客様に自己資金を増やせるかの確認が必要です。

融資の条件などに問題がなければ、お客様に**住宅ローン契約**（正しくは**金銭消費貸借契約＝金消契約**）を結ぶ日と、売主に支払う残代金の決済日を決めてもらいます。

また、共有名義で物件を購入する場合は、持分の割合を決めておかなくてはなりません。

住宅ローン契約を結ぶ際に必要なものは、右ページの図に示した通りです。

ただし、旧住所のままで物件の引渡しを受けて登記する場合は、印鑑証明書や住民票については本申込時に枚数が不足していたり、期限切れだったら、新たに準備が必要です。これらの書類は、あらかじめ多めにとっておいてもらうといいでしょう。

また、新住所で登記する場合は、住宅ローン契約を結ぶまでに買主に住民票を移してもらい、新住所の住民票、印鑑証明書を取得して準備してもらう必要があります。

住宅ローン契約時に必要なもの

□実印

□通帳印　　□通帳

□身分証明書　（免許証、パスポートなど顔写真のあるもの）

□収入印紙

□収入印紙を貼付した売買契約書　（原本）　など

　持分割合は、諸費用も含めた購入資金の総額に対して、誰が、いくら出資したかによって決まります。

　出資割合と持分の比率が異なると、贈与税の対象となるので注意が必要です。

残代金の決済

決済と登記は同日に行う

🏠 決済する日時と場所を調整する

　買主のお客様が、住宅ローンの借入がある場合、**残代金の決済**をする希望日を決めたら、それを売主側の不動産会社と、買主が利用する金融機関へ伝えて、調整します。

　決済を行う時間は、平日の午前中か、平日午後の早い時間に設定します。それは、決済を終えたあと、その日のうちに司法書士が法務局で登記手続き（所有権移転登記など）を行うためです。

　司法書士は、売主が不動産会社の場合は提携先を指定されることもありますが、それ以外ではあなたの会社のほうで取引のある司法書士を紹介するのが一般的です。

🏠 登記に必要な書類とお金を用意する

　残代金の決済時に、買主に用意してもらう書類は、P.213 に示した「住宅ローン契約時に必要なもの」の中に含めてありますので確認してください（住宅ローンのために開設した口座の通帳も必要）。

　また、買主に用意してもらうお金は次の通りです。

- ・売主へ支払う残代金
- ・登録免許税と、登記手続きを代行してもらう司法書士へ
  支払う報酬（合わせて登記費用）

・物件の固定資産税、都市計画税の精算金

（年末分までを買主が負担する）

・不動産会社へ支払う仲介手数料

　これらは「残代金決済のお知らせ」として書面にまとめ、最低でも決済の1週間前には買主に伝えておくようにします。

　残代金の金種（現金や小切手渡し、口座振込みなど）や、固定資産税、都市計画税の精算金については、売主に確認が必要です。残代金の金種は、買主が利用する金融機関にも事前に知らせておきます。

🏠 残代金の決済後、すぐに登記手続きをする

　決済の当日、担当者のあなたは遅くとも予定の15分前には金融機関へ到着し、お客様を待つようにしましょう。

　はじめに、売主と買主から登記手続きに必要な書類を受け取り、司法書士に渡して確認してもらいます。

　その後、売主の口座への振込みや、買主が自分の口座から現金を引き出すなど、金種別に伝票に記入してもらい、銀行の担当者に渡します。

　決済が完了すると、司法書士は預かった書類を携えて法務局へ行き、速やかに**登記手続き**を行います。

　売主は、売却した物件に住宅ローンの残高がある場合は、残額を返済し、抵当権登記の抹消手続きを同時に行う必要があります。

08

物件の引渡し

引渡しをもって取引完了

🏠 物件の最終確認は終えておく

残代金の決済が完了したら、すぐに**物件の引渡し**を行います。

土地の境界の確認や、建物内の残置物の有無などは、引渡しの前に買主と売主の立合いのもとで最終確認しておきます。

🏠 測量成果簿やカギを買主へ引き渡す

土地を引き渡す場合は、**測量成果簿**（登記関係書類、実測図、境界確認書類など一式）を買主へ渡します。

このほか、境界塀に関することなど、近隣との覚書や念書などがあれば、それらの原本も渡します。

戸建てやマンションは、**カギ**の引渡しになります。

　引渡しを終えたら、売買物件の**引渡完了確認書**への記名押印を、売主、買主の双方からもらいます。

　物件の購入申込みから、売買契約の締結を経て、引渡しまでの各ステップの説明は以上です。

これで取引は、無事に完了です！

2021年公布・2022年施行 宅建業法の改正ポイント

🏠 不動産取引のデジタル化が進む

　宅地建物取引業法（宅建業法）の改正法が、2022年5月から施行されました。

　今回の改正は、デジタル社会の形成・整備を進めるための、一連のデジタル改革関連法の流れを反映するもので、宅建業法においては、①宅地建物取引士（宅建士）の押印義務の廃止、②交付書面の電子化という、2つのポイントがあります。

〈改正ポイント①〉**宅建士の押印義務の廃止**

　不動産取引に関わる書面で、これまで宅建士の記名・押印が必要だった以下の書面について、押印が不要となり、記名のみでもよいことになりました。

　・重要事項説明書（35条書面）
　・宅地建物の売買、交換、賃貸借契約締結後に交付する書面
　　（37条書面／契約書）

　ただし、媒介契約などを締結した際に交付する書面については、これまで通り押印が必要です。

〈改正ポイント②〉**書面の電磁的方法による交付**

　不動産取引に関わる、以下の4つの書面について、これまでは紙の書面での交付が義務づけられていましたが、今後は相手

方の承諾を得たうえで、電磁的な発行が可能になりました。

・重要事項説明書（35条書面）
・宅地建物の売買、交換、賃貸借契約締結後に交付する書面（37条書面／契約書）
・媒介契約、代理契約締結時の交付書面
・レインズ（不動産流通標準情報システム）に登録時の交付書面

ただし、書面の電磁的な交付にあたっては、相手が出力することで書面の状態を確認できるような形で提供することなどが必要です。

おわりに

　いかがでしたか？　不動産に関すること、とくに売買仲介の仕事の基本をできるだけやさしく解説したつもりですが、つまづかずに読み終えていただけたでしょうか？

　この本で、私が本当に伝えたかったことは、たんに知識だけではありません。執筆にあたって、つねに私の頭の中にあったのは、これから不動産取引に関わるあなたに、「お客様から信頼される人になってほしい」という願いでした。

　不動産の売買は、売主にとっても買主にとっても、人生を左右するほどの大きな決断です。それにプロとして関わるあなたには、お客様から信頼される存在になってほしいと思います。

　ただ、不動産業界での仕事は大変なことも多いものです。どうしても数字を上げなくてはなりませんし、そのためにはムリを重ねることもあるでしょう。

　それでも、お客様に対しては、いつでも誠実な気持ち、真摯な態度を忘れないでください。お客様のために親身になってお手伝いをして、それにより自分を信頼してもらえれば、お客様とのご縁はその場限りのものではなく、将来にわたってつづくことを知ってほしいと思います。

　つねに謙虚で、お客様への感謝の気持ちを忘れずに。

　そうすれば、きっとあなたにも成功の扉が開かれるはずです！

索　引

■著者プロフィール

徳本友一郎（とくもと　ゆういちろう）

1967年生まれ。株式会社スタイルシステム代表取締役。宅地建物取引士、不動産コンサルティングマスター、CFP®の資格を保有。成蹊大学在学中に宅地建物取引主任者資格（現在の宅建士）を取得し、卒業後、都内の中堅不動産仲介会社に入社。以来、不動産売買業務を専門に行う。

支店長、法人事業部責任者を歴任後、ファイナンシャルプランナーの上級資格であるCFP®を取得し、平成16年、東京・渋谷区恵比寿に株式会社スタイルシステムを設立。1都3県を活動範囲として、不動産コンサルティング、マイホーム取得検討者の資金相談、不動産売買仲介業務、不動産調査などを行っている。

住宅関連のセミナー講師を数多く務めるほか、ＴＶ、雑誌等のメディアでも活躍中。

〈株式会社スタイルシステム・ホームページ〉

　　　https://www.style-system.net

本書の内容に関するお問い合わせは、**書名、発行年月日、該当ページを明記**の上、書面、FAX、お問い合わせフォームにて、当社編集部宛にお送りください。**電話によるお問い合わせはお受けしておりません**。また、本書の範囲を超えるご質問等にもお答えできませんので、あらかじめご了承ください。

　FAX：03-3831-0902

　お問い合わせフォーム：https://www.shin-sei.co.jp/np/contact-form3.html

落丁・乱丁のあった場合は、送料当社負担でお取替えいたします。当社営業部宛にお送りください。
本書の複写、複製を希望される場合は、そのつど事前に、出版者著作権管理機構（電話：03-5244-5088、FAX：03-5244-5089、e-mail：info@jcopy.or.jp）の許諾を得てください。

JCOPY ＜出版者著作権管理機構　委託出版物＞

改訂3版　超入門　不動産の教科書

2023年2月25日　　初版発行

著　者	徳　本　友　一　郎
発　行　者	富　永　靖　弘
印　刷　所	今　家　印　刷　株　式　会　社

発行所　東京都台東区 株式 新星出版社
　　　　台東2丁目24　会社
　　　　〒110-0016　☎03（3831）0743

ⓒ Yuichiro Tokumoto　　　　　　　　　　Printed in Japan

ISBN978-4-405-10415-0